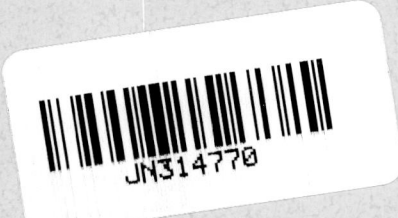

なんで
中学生のときに
ちゃんと
学ばなかったん
だろう…

現代用語の基礎知識・編

おとなの楽習

8

地理のおさらい

自由国民社

装画・ささめやゆき

はじめに

この本を手にとってくださったあなた、もしかして、「地理の授業で習ったことなんて何も覚えてなくて……」と思っていませんか？ いえいえ、そんなことはありませんよ。

例えば、グルメガイドに掲載されているレストランの地図、これを見てあなたは「○○駅の北にあるんだ！」と思うでしょう。「地図の上は北を表す」という地理の「知識」がちゃんと身についているのです。

また、お正月休みにどこに行こうか考えているとき、
「寒い日本から飛び出して泳ぎに行きたいけど、ハワイは時差ボケしそうだし……。オーストラリアならちょうどいいかな」
と思ったあなた！

- ハワイは一年中泳げる暑いところ
- 日本とオーストラリアは季節が逆
- 日本は、東にあるハワイとの時差が大きくて、真南にあるオーストラリアとは時差が小さい

——ほら、「世界の気候区分」や「緯度による季節のちがい」、「経度の差によって生じる時差」という「知識」を持っているではありませんか。どれもこれも、地理の教科書に載っていたことばかりですよ。

知らないようでじつは知っている——わたしたちは、「地理」の知識を教科書からだけでなく、日々の暮らしの中から自然に学び、日本語やたし算・ひき算などと同じように毎日の生活に利用しています。教科書では、それぞれのことがらにちょっとカタイ名前をつけているだけで、「地理」というのはちっとも難しい学問ではないのです。

難しい言葉を知らなくても、「なぜ北極に近いほど寒くて、赤道に近いほど暑いのか？」「雨の降らない砂漠でも人間が生きていけるのはなぜか？」——その理由がわかっていれば今まで以上に世界や日本がおもしろく見えてきます。ですから、この本では専門の用語はできるだけ使わないようにしています。

それぞれの土地の地形や気候、歴史を知ることは、つまり、それぞれの土地に生きる「人間」を知ることです。そのためには、たくさんの言葉や数字を覚えるより、さまざまな不便を感じながら自分の足でその土地を訪れ、自分の目で一面の小麦畑や氷河を見て、自分の体で−40℃の寒さや50℃の暑さを感じるのがいちばんであることはいうまでもありません。

この本を読んで、今まで知らなかった町、国のことに興味がわき、もっと知りたい、行ってみたい、と思っていただけたら幸いです。

*この本に出てくるおもな国を記載しています。

世界の地図
北 極 海
グリーンランド
カナダ
アメリカ合衆国 P116
大 西 洋
メキシコ
キューバ
ドミニカ共和国
ジャマイカ
アンティグア・バーブーダ
太 平 洋
パナマ
スリナム
コロンビア
エクアドル
ブラジル P122
ペルー
ボリビア
パラグアイ
チリ P123
ウルグアイ
アルゼンチン
キリバス
ナウル
ツバル
ソロモン
サモア
フィジー
バヌアツ
トンガ
ニュージーランド P126
N
南 極 海

日本の地図

N

中部地方 P156
富山県
石川県
富山
金沢
長野
京都府
福井県
鳥取県
滋賀県
島根県
松江
鳥取
福井
長野県
中国地方 P164
岐阜県
岡山県
広島県
兵庫県
岐阜
山口県
岡山
京都
神戸
佐賀県
福岡
広島
大津
名古屋
山口
高松
福岡県
大阪府
大阪
静岡
佐賀
松山
徳島
奈良
津
大分県
和歌山
静岡県
愛媛県
三重県
長崎
高知
長崎県
熊本
大分
徳島県
高知県
愛知県
熊本県
和歌山県
奈良県
香川県
宮崎県
近畿地方 P160
鹿児島
四国地方 P168
宮崎
鹿児島県
九州地方 P172

北海道地方 P144
北海道
札幌
青森
青森県
秋田県
岩手県
秋田
盛岡
東北地方 P148
山形県
山形
仙台
宮城県
新潟
新潟県
福島
福島県
群馬県
宇都宮
栃木県
前橋
水戸
埼玉県
さいたま
茨城県
府
東京
千葉
横浜
千葉県
関東地方 P152
東京都
神奈川県
山梨県
○は県庁所在地
0
100
200
km
*山梨県は関東地方、三重県は中部地方に含まれる場合もあります。
那覇
沖縄県

もくじ

第2章　世界と日本のようす

第3章　世界の地域と国々

第4章　日本の地域と人々の暮らし

◆イラスト◆　こじま　ふみよ

第1章

世界の
自然と人々の暮らし

1 geography

海の広さは地球の何%？

♪海は広いな　大きいな――青く輝く海は、はてしなく広く、どこまでも続いているように見えます。わたしたちがなんとなく「広く大きい」と思っている海。実際の大きさは、どれくらいあるのでしょう？

地球の表面の面積は約５億1000万km^2ですが、そのうち**海の面積は約３億6000万km^2、なんと地球の表面の約70％に当たります。**ほんとうに「広く大きい」ですね。

海は切れ目なく地球全体に広がっていますが、大陸に囲まれている部分などでいくつかの海に分けています。太平洋、大西洋、インド洋の３つの大きい海と、日本海や地中海、カリブ海などの小さい海です。

最も大きい海は太平洋で、地球の陸地をぜんぶ合わせた大きさよりも大きく、太平洋の西のはし東京（日本）と、東のはしサンフランシスコ（アメリカ）のあいだは約8300km。飛行機で約10時間、時速200kmの新幹線がノンストップで走り続けても40時間以上もかかる距離です。明治時代に蒸気船でアメリカを訪れた使節団は、横浜を出発してからサンフランシスコに到着するまで、23日間もかかっています。

海に比べるとごくわずかな地球の陸地は、６つの大陸と多くの島々でなりたっています。もともと1つであった陸地が、長い年月のあいだに分かれて移動し、今のような6つの大陸になったと考えられています。

6大陸のうち、最も大きいのはユーラシア大陸です。陸地全体の約37%をしめ、世界の人口の約72%が集中しています。最も小さい大陸はオーストラリア大陸ですが、それでも日本の20倍の大きさです。

いろいろな角度から写した地球の写真を見ると、ほとんど海ばかりが写っているものと、ほとんど陸地ばかりが写っているものがあります。大陸のすべてが南半球に位置しているのは南極大陸とオーストラリア大陸だけです。地球の陸地は、地球全体に広がっているのではなく、北半球に多く集まっているのですね。

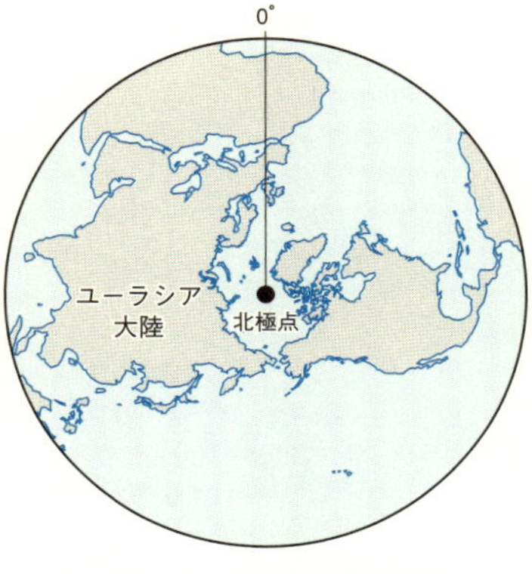

●北極上空から見た地球

●南極上空から見た地球

2 山脈は「地球のしわ」だった？

日本でいちばん高い山は？――答えは富士山。富士山の高さは3776mですが、世界でいちばん高い山、エベレスト山（チョモランマ）の高さはなんと8848m、富士山の２倍以上の高さです。エベレスト山を見慣れているネパールやインドの人たちには、富士山は小高い丘くらいにしか見えないかもしれません。

山は、そのでき方によって大きく２種類に分けられます。富士山のように、噴火によって流れ出た溶岩が積み重なってできた山と、エベレスト山のように、陸地どうしがぶつかったり、おしあったりして、しわが寄るようにできた山です。このような場合、山は１つだけできるのではなく、たいていいくつもの山が連なる山脈となっています。

●陸地がおしあって山ができた!!

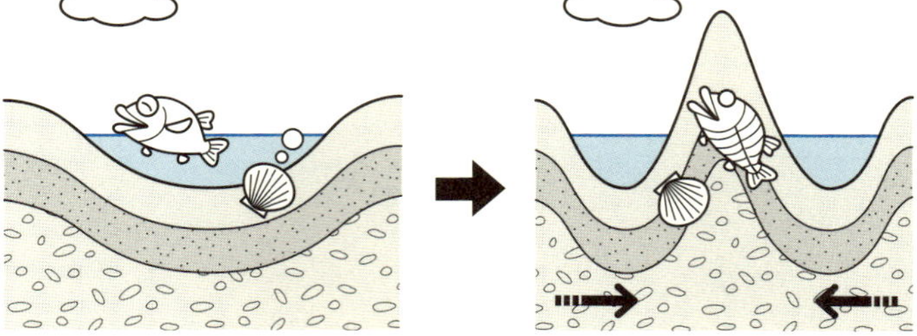

エベレスト山のあるヒマラヤ山脈は、4000万年前に、ユーラシア大陸とインド亜大陸（現在のインド半島）がぶつかってできたとされる山脈で、高さ8000ｍ級のけわしい山々が連なっています。もとは浅い海底であったところが盛り上がってできたとされるので、山頂付近から海の生き物の化石が出てきます。

それに対し、北アメリカ大陸東部のアパラチア山脈やユーラシア大陸中央部のウラル山脈は、２億5000万年以上前にできたとされる山脈です。もとはヒマラヤ山脈のように高くけわしい山脈だったかもしれませんが、長い年月のあいだに風や雨、氷河などにけずられ、高さ1000〜2000ｍの低くなだらかな山脈となってしまいました。

現在も陸地の運動が活発で、地盤が盛り上がったり、ずれたりしている場所を、新期造山帯といいます。このように陸地の動きが激しい場所では、大きな地震がひんぱんにおきたり、火山が噴火するなどの活動がさかんになります。

新期造山帯には、ユーラシア大陸南部を東西に走るアルプス・ヒマラヤ造山帯と、太平洋をぐるりと囲む環太平洋造山帯があります。**日本やペルー、チリ、フィリピンなどは環太平洋造山帯にあるため、地震が多いのです。**

3　日本の「ウォータースライダー」？

わたしたちが生きるために欠かせないもの、それが水です。わたしたちが飲んだりできる水（淡水）はどこにでもあるわけではありません。**人々は昔から、水を求めて河川の周囲に住み、さまざまな場面で河川を利用してきました。**

アフリカ大陸北部のエジプトは、極端に雨が少なく、国土の95％が砂漠におおわれています。しかし、ナイル川の沿岸では豊富な水を利用できたおかげで、昔から農業がさかんに行われ、何千年も前に文明が発達しました。

河川は、生活用水や産業用水に利用されるだけではありません。交通路としてもとても重要な役割を果たしています。

水量が多く、流れがゆるやかな河川が多いヨーロッパでは、古くから河川を利用した貨物輸送がさかんで、河川と河川を結ぶ運河が建設されるなど内陸水路が発達しています。オランダ、ドイツなど6か国を流れるライン川は、沿岸国の船が自由に航行できる国際河川で、物資を積んだ大型船が、河口の港と上中流にある工業地域を往復しています。

日本の河川はどのように利用されてきたのでしょうか？ 日本の河川も昔から、とくに江戸時代には年貢米や材木などの輸送路として利用されていました。しかし、せまくて山がちな日本を流れる河川は、広くなだらかな大陸を流れる世界の河川に比べて、長さが短く、流れも急です。また、河川の水深が浅いこともあって、ライン川などのように大量の物資を運ぶ大型船が航行することができません。そのため現在の輸送路は、トラックや鉄道など陸上の交通路に取って代わられています。

●世界の川はこんな感じ

●日本の川は………

日本の河川は、交通路としてはあまり利用されなくなりましたが、農業用水としての重要性は今も変わりません。「水田」という言葉が示すとおり、日本人の主食である米、その米づくりにはたくさんの水を必要とします。新潟平野や庄内平野が「米どころ」となっていることは、これらの地域に信濃川や最上川といった大きな河川が流れていることと、無関係ではないのです。

4　なぜ平野に都市が生まれる？

東京、大阪、名古屋——日本の三大都市とされるこれらの地域に人口が集中し、産業が発達したのはなぜでしょう？

３つの地域に共通するのは、**「平らな地形」**ということです。日本の大都市だけでなく、ロンドンやパリ、ベルリンなど、世界の大都市も平らな地域に発達しました。**人間が生活するのも、畑や田をつくったり工場を建てたりするのも、起伏のある山地より、こうした「平らな地形」——平野の方が便利だからです。**

平野はそのでき方から、２つに分けられます。河川などによって古い時代の岩盤が「けずられてできた平野」と、河川などによって運ばれた土砂が「積み重なってできた平野」です。

ユーラシア大陸西部に広がる東ヨーロッパ平原、北アメリカ大陸中央部に広がる中央平原などは、けずられてできた平野です。平らとはいえ、地盤のやわらかい部分がけずられて、かたい部分だけが残った平野もあり、アメリカ南西部のコロラド高原では、テーブルや切り株のような岩山が見られます。記念碑のようにも見えるので、モニュメントバレーとよばれてい

●モニュメントバレー

ます。

日本の平野の多くは、川が運んだ土砂が積み重なってできた平野です。川が山地から平地に出るところでは、流れがややゆっくりになるので、川が上流から運んできた重い砂利などが積もり、扇形に広がる扇状地をつくります。河口部では、流れがもっとゆっくりになるので、細かい土や砂が積もり、三角形の三角州（デルタ）がつくられるのです。

同じ三角州でも、日本の短い川がつくる三角州と、大陸の大河川がつくる三角州では、その規模がまったく違います。ユーラシア大陸の東南部、インドシナ半島を流れるメコン川の河口に広がるメコンデルタは、九州とほぼ同じ大きさです。上流から運ばれてきた栄養分豊富な三角州の土壌、高い気温、豊富な水がそろうこの地域は、世界有数の稲作地帯です。

海の中はどうなってるの？

山や谷があるのは、陸地だけではありません。海の中、海底にも高い山や深い谷があるのです。海水浴やスキューバダイビングで、わたしたちが目にしている海底は、大陸棚とよばれるごく浅い部分です。深さが4000～6000ｍになる海底には海底火山があり、長さ数千kmに及ぶ海嶺や、深さが１万ｍを超える海溝もあります。深海底の調査は技術的に難しく、いまだ神秘の世界です。新しい発見が楽しみですね。

5 「地球の住所」はどう示す？

○○県◎◎市△△町□□丁目××番地——行ったことのない場所でも、住所を調べれば、どこにあるのかわかりますよね。

では、日本が地球のどこにあるのか、自分が地球のどこにいるのか、わかりますか？

住所と同じように、地球上の位置を示す方法があります。それが緯度と経度です。**緯度と経度を使えば、地球のありとあらゆるところ、南極大陸の上でも、太平洋の真ん中でも、正確な位置を住所のように示すことができるのです。**

緯度は、地球上の南北の位置を示す座標です。赤道を緯度0度として、赤道から南極点・北極点までをそれぞれ90度に分けます。赤道から南を南緯、北を北緯とよぶので、南極点は南緯90度、北極点は北緯90度となります。同じ緯度を東西に結んだ、赤道と平行な線を緯線といいます。

経度は、地球上の東西の位置を示す座標です。北極と南極を結ぶ縦線を経線（子午線）といいます。イギリスのロンドンにある旧グリニッジ天文台を通る経線を経度0度の本初子午線として、東西をそれぞれ180度に分けます。本初子午線から東へ180度までを東経、西へ180度までを西経とよびます。アメリカのニューヨークは、本初子午線から西に74度、東に286度の位置にありますが、「西経74度」と表すのが正しく、「東経286度」とはしません。

最近は、人工衛星を利用したＧＰＳ（全地球測位システム）で、全世界どこにいても、緯度と経度を正確に割り出すことができます。でも、昔の人はどうやって自分の居どころを確かめていたのでしょう？

緯度の測定には、夜空に浮かぶ「北極星」が目印になります。こぐま座のしっぽの先に当たる北極星は、北極の上空に位置しているので、北半球であればどの位置からでも真北に見えます。北へ行くほど見上げる角度が高くなり、北極点では北極星が真上（90度）に見えます。逆に南へ行くほど見上げる角度が低くなり、赤道では水平線の位置（０度）に見えます。つまり、**北極星を見上げる角度＝緯度**となるわけです。今夜、あなたのいる位置を測ってみませんか？

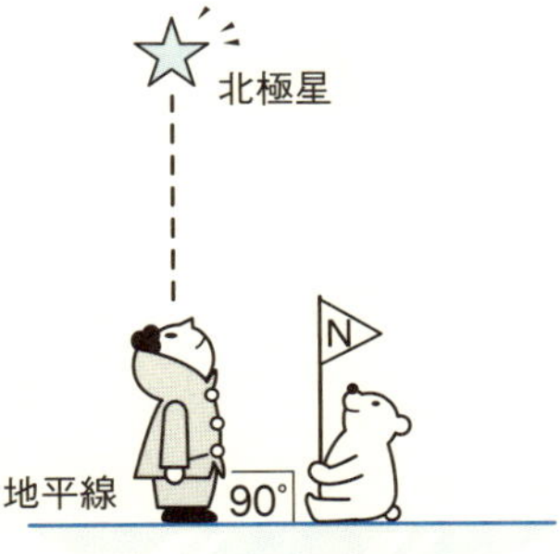

●北極点（北緯90°）の場合

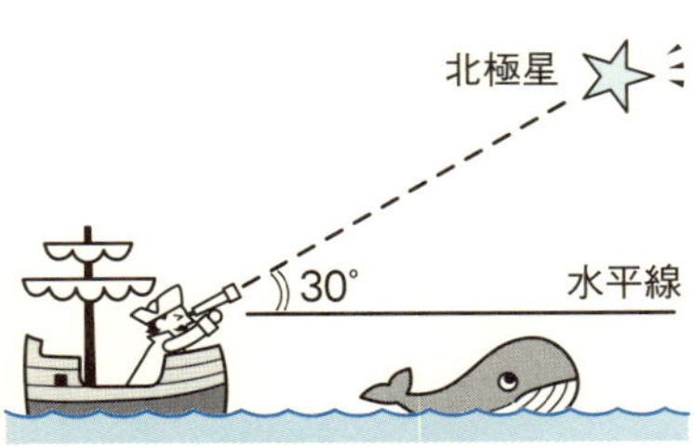

●北緯30°の場合

6 時差を計算するには？

眠い目をこすりながら、ヨーロッパやアメリカで行われているオリンピックやサッカーの生中継を見たことはありませんか？ 日本は深夜。ウトウトしながら、「なんで時差なんかあるのかなぁ」と思った人も多いでしょう。

世界中どこでも同じ時間だったら便利なような気もしますが、地球は１日に１回転しているので、今まさに太陽の光が当たっている昼の国もあれば、太陽の光が当たっていない夜の国もあります。真っ暗な昼の12時なんておかしいですよね。そこで、**各国の時刻のちがい、時差がある**のです。

そもそも「１日＝24時間」は、地球が１回転、つまり360度回転するのにかかる時間です。したがって、１時間で地球が回る角度は

360（度）÷24（時間）＝15（度／時間）

となります。つまり、**15度の経度の差につき１時間の時差を設ければ、「真っ暗な昼の12時」をなくすことができる**のです。

各国は、それぞれ標準となる経度を定め、それに基づき時刻を決めています。よって、近い国どうしは経度の差が小さいので時差も小さく、遠い国どうしは経度の差が大きいので時差も大きくなります。ヨーロッパのギリシャで開催されたアテネオ

リンピック（2004年）に比べ、アジアの中国で開催された北京オリンピック（2008年）は観戦のために遅くまで夜更かしをせずにすんだでしょう？　時刻は原則として各国ごとに統一されていますが、国土が東西に広いアメリカやロシアは、国内をいくつかの地域に分け、それぞれの地域で時刻を決めています。

実際に日本とイギリスの時差を計算してみましょう。日本は兵庫県明石市を通る東経135度、イギリスはロンドンを通る経度０度の経線を基準に時刻を決めています。つまり、経度の差は135度です。時差は経度15度につき１時間発生するので、

135（度）÷15（度）＝9（時間）

日本とイギリスの時差は９時間ですが、地球は西から東へ回っているので、イギリスより東にある日本の時刻の方が進んでいることになります。イギリスが12月31日22時のとき、日本は翌年の１月１日７時になっているんですね。

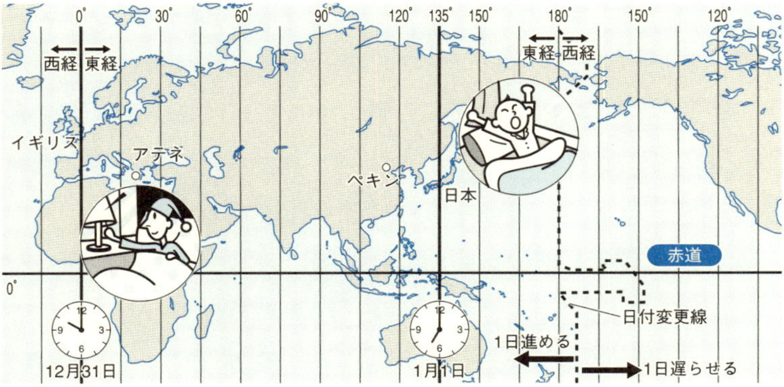

geography

7 日本と「季節が逆」の国がある？

「紫外線はお肌の大敵！」——最近日本では、日焼け止めクリーム、つばの広い帽子や日傘などで、少しでも紫外線を防ごうと奮闘する女性が多くなりました。しかし、北ヨーロッパのスウェーデンやノルウェー、フィンランドなどの国々では、夏になると人々はこぞって屋外に出て、公園や海岸でたっぷりと日光浴を楽しみます。

このちがいは、美容に対する意識の差ではなく、**日本と北ヨーロッパに当たる太陽の光の強さの差**によるものです。

地球は、太陽からぼうだいな光のエネルギーを受けていますが、丸い形をしているので緯度によって受ける量がちがいます。北極や南極に近くなるほど、太陽の光の当たり方が弱くなっているので、北緯60度のスウェーデンは、北緯40度の日本よりエネルギーを受ける量が少なくなります。

このように、地球が受ける太陽エネルギーは、赤道付近で多く、北極や南極付近では少なくなっています。そのため、**低緯度地域ほど暑く、高緯度地域ほど寒く**なるのです。

さらに、北極と南極を結ぶ軸は太陽に対して**約23.5度かたむいています。**陰になっている部分には太陽の光が当たっていないので、北・南極付近では冬に１日中太陽が昇らない「極夜」

があります。反対に、夏になると１日中太陽が沈まない「白夜」という現象もおきます。北極より少し南の地域も、冬の日照時間はとても短いです。北ヨーロッパの人々は、紫外線不足による病気を防ぐためだけでなく、長い冬のあいだずっと待ち望んでいた暖かい太陽の光を求めて、日光浴を行うのでしょう。

地球がかたむいていることで、赤道の北側と南側で季節が逆になるという現象もおきます。赤道より北の地域で受ける太陽エネルギーが少ないとき（冬）、赤道より南の地域で受けるエネルギーは多くなる（夏）からです。

ですから、北半球のスウェーデンで、もこもこの服を着てトナカイのそりに乗っているサンタクロースも、南半球のオーストラリアでは、水着を着てジェットスキーやサーフボードに乗ってプレゼントを配っているんですよ。

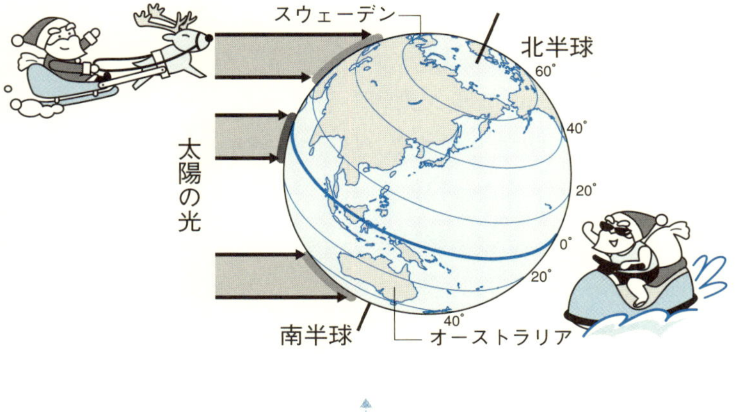

8　ほんとうに「北の方が寒い」？

北に行けば行くほど寒い――では、北海道の函館市（北緯42度）とイギリスのロンドン（北緯51度）の冬は、どちらが寒いと思いますか？　函館市より北にあるロンドン！　といいたいところですが、じつは函館市なのです。

函館市の１月の平均気温は－2.9℃、いっぽうロンドンは4.4℃、東京より１℃低いくらいです。函館市より北にあるロンドンが、函館市より冬の気温が高いのはなぜでしょうか？

その秘密は、海流と風にあります。海流は、ほぼ一定の方向に動く海水の流れのことで、周りより水温が高めの暖流、周りより水温が低めの寒流があります。ユーラシア大陸の西岸、ロンドンのそばには、北大西洋海流という暖流が流れているのです。また、ロンドン上空には、一年中西から東に向かって偏西風が吹いています。

つまり、**ロンドンは北大西洋海流上空の暖かい空気が、偏西風によって吹き込まれてくるので、北緯51度という高い緯度のわりに気温が下がらない**のです。

このほかにも、気温に影響を与えているものがあります。例えば、南アメリカ大陸のエクアドル。国名がスペイン語で「赤道」というだけあって、首都キトは南緯０度14分、ほぼ赤道上に位置しています。世界で最も暑い都市のひとつのように思えますが、いちばん寒い10月の平均気温が13.4℃、いちばん暑い５月でも13.9℃。年平均気温は13.7℃で、一年中東京の４月か11月くらいの気温です。

赤道上にあるにもかかわらず、日本の春や秋のような気温の日が続く秘密は、キトの**海抜高度**にあります。

海抜高度とは、海面から測った陸地の高さのことです。キトの海抜高度は約2800ｍ、富士山河口湖口の７合目くらいの高さに当たります。気温は、高度が100ｍ上がるごとにおよそ0.6℃低くなるといわれています。もしキトが海抜０ｍにあったら、一年中30℃を超えるような暑さとなっていたかもしれません。

このように、気温は緯度だけで決まるものではありません。海流、風、海抜高度や地形などさまざまな要因が複雑に影響しあっているのです。

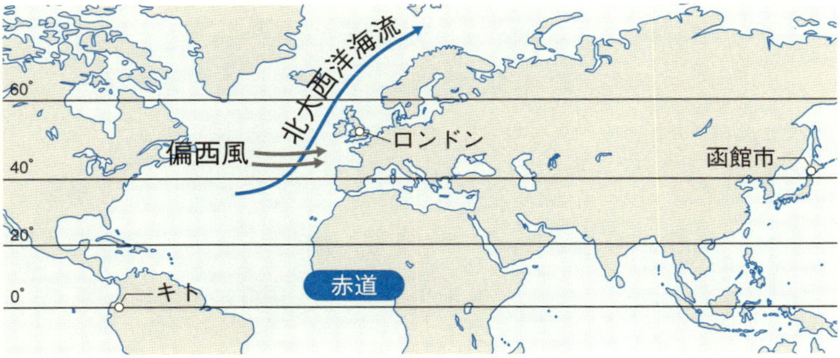

9 世界を気候で分けると？

東京の１月の平均気温は5.8℃、一年で最も寒い月です。では、１月は世界中どの地域も「冬」なのでしょうか？

ヨーロッパ北部のオスロ（ノルウェー）の１月の平均気温は－5.8℃、東京と同じく冬です。しかも、東京よりずっときびしい寒さです。しかし、アジアのバンコク（タイ）の１月は26.7℃、東京の８月ごろの暑さです。これでも一年の中では低い方なのですが、とても「冬」とはいえませんね。

一年間に降る雨や雪の量に、地域によるちがいはあるでしょうか？ 東京の年降水量は1466.7mmです。世界の平均降水量が973mmですから、わりと雨の多い地域といえます。世界には、南アメリカのマナウス（ブラジル）のように年降水量が2000mmを超えるところもあれば、アフリカのアスワン（エジプト）のように、雨がほとんど降らない地域もあるのです。

このように気温や降水量は地域によってさまざまですが、それらの気候を特徴ごとに分類できないかと考えたのが、ドイツの気象学者ケッペンです。**ケッペンは、気温と降水量で基準をつくり、世界の気候を熱帯・乾燥帯・温帯・冷帯・寒帯の５つに分類しました。**また、気候と植物には密接な関係があります。例えば、気温が高く雨の多い地域には、ジャングルになるほど植物が生いしげります。いっぽう、一年の半分以上が雪や氷におおわれた地域には、コケなどは生えますが、木が育つことはありません。こうした植物と気候の関係に気付いたケッペンは、5つの区分をさらに細かく分類しました。

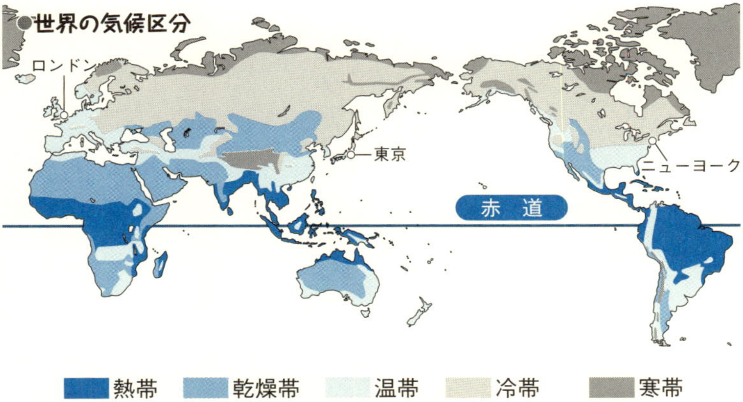

春夏秋冬、四季がはっきりしている日本の大部分は、温帯に含まれます。温帯は、ほかの気候帯に比べて極端に暑くも寒くもありません。また、ほどよい雨量があり、寒さのきびしい冷帯や寒帯、雨の少ない乾燥帯に比べて、たくさんの種類の農作物を栽培できるので、食料を豊富に得ることができます。そのため、**温帯の地域には古くから人があつまり、文明が発達しました。**東京やロンドン、ニューヨークなど、現在経済や産業の中心となっている都市は、温帯に集中していることからもわかりますね。

10　「主食＝バナナ」の地域とは？

geography

「今度のお正月は南の島でのんびりしたいわ」——ビーチリゾートとして人気があるインドネシアのバリ島やフィリピンのセブ島などは、赤道の近くにあり、一年中日本の真夏のような暑さが続く「常夏の楽園」です。

赤道付近の一年中気温が高い熱帯には、一年を通して雨の多い地域と、雨の多い雨季と雨の少ない乾季のある地域があります。

南アメリカ大陸のアマゾン川流域は、一年中気温が高く雨が多いので、植物がよく育ち、日本の面積の10倍近くにも及ぶ世界最大の熱帯林（セルバ）が広がっています。

雨季と乾季のある地域は、熱帯林が広がる地域の周囲に分布しています。乾季には雨がまったく降らないこともあり、雨季にできた川や湖が干上がり、植物が枯れてしまいます。乾燥に強い低木や、枝が横に広がったバオバブなどの樹木と、背の高い草が一面に生える草原（サバナ）が広がるだけです。ライオンやキリンのすみかとなっているところですね。

熱帯の雨は、日本の梅雨のようにしとしと降り続けるのではなく、夕立のように短時間に激しく降ります。前が見えないほどの土砂降りで、傘は役に立ちません。このように雨が多い地域では、洪水や湿気から家を守るため、床を高くして地面から離した高床の家が多く見られます。家は、周りにふんだんにある樹木や草のツル、ヤシの葉などを使ってつくられます。

一年中暑いので、熱帯に暮らす人々の衣服は１枚の布を腰に巻きつけたり、肩からかけたりするような簡単なものです。

人々の主食は、米、タロイモやキャッサバといったイモ類、バナナなどです。キャッサバというとなじみがないかもしれませんが、キャッサバからとれるデンプンを加工したタピオカは、独特の食感があり、日本でもスイーツとして人気がありますね。

バナナも、日本でデザートやおやつに食べられるような甘い種類ではなく、甘くない料理用のバナナを蒸したり焼いたりして食べます。

現地の料理は旅の楽しみのひとつ。機会があったら、チャレンジしてみてくださいね。

11 「昼40℃→夜0℃以下」の一日!?

geography

雨が降らない日が続くと、水不足が心配になりますね。もし、まったく雨が降らなかったら、わたしたちの生活はどうなってしまうのでしょう？

世界には、**極端に雨の少ない地域（乾燥帯）**があります。例えば砂漠。雨がわずかにしか降らない土地には木や草がほとんど生えず、砂や岩だけの乾燥した大地となります。

砂漠は、アフリカ大陸の北部やアラビア半島など暑い地域だけでなく、ユーラシア大陸やオーストラリア大陸の内陸部、北アメリカ大陸や南アメリカ大陸の海岸沿いなど、気温がそれほど高くないところにも広がっています。海流や地形などの影響でも雨が少なくなるからです。

砂漠だからといって、人が住んでいないわけではありません。サハラ砂漠の真ん中であっても、川のそばや地下水がわきでるオアシスなど、水に恵まれた場所にはラクダやヒツジを連れた遊牧民が牧草を求めてやってきますし、定住してナツメヤシや綿花、スイカ、オレンジなどを栽培する人もいて、大きな都市ができていることもあります。

デーツとよばれるナツメヤシの果実は、カロリーが高く、乾燥させて長期保存ができるので、砂漠に住む人々にとって大切な食料です。日本ではあまりなじみがないようですが、じつはソースの原料としてよく使われているのですよ。

●デーツ

雨の少ない地域では、周りに森林がないので、木の家はつくれません。泥や、粘土を干してつくった日干しレンガで家を建てます。とくに砂漠では、昼に40℃以上になった気温が、夜には０℃以下まで下がるなど１日の気温の変化が激しいので、窓を小さく壁を厚くして、家の中の気温を一定に保つように工夫しています。

また、昼の強い日ざしと暑さを防ぐため、長袖で丈の長いゆったりとした衣服を着ます。

ユーラシア大陸や北アメリカ大陸、南アメリカ大陸の砂漠の周囲には、雨季に少しだけ雨が降り、丈の短い草が生える草原（ステップ）が広がっています。乾季に枯れた草が腐って栄養分の高い土壌となるので、この地域は小麦やトウモロコシ、大豆、綿花などの大産地となっています。

12 サウナはなぜ生まれたの？

60.2℃――これは、ロシア連邦サハ共和国のオイミャコンという村の夏と冬の気温の差です。オイミャコンの7月の平均気温は14.3℃。東京の4月の平均気温と同じくらいです。ところが、1月には平均気温が－45.9℃まで下がります。変化が激しすぎますね。

北緯40～60度付近の大部分は、冬の寒さがきびしい地域（冷帯）です。ユーラシア大陸北部のロシアや北アメリカ大陸北部のカナダ、アラスカが冷帯に当たります。いっぽう、南緯40～60度付近にはほとんど陸地がないため、南半球には冷帯がありません。

冬の寒さがきびしい冷帯では、熱帯のようにたくさんの種類の植物が育たないので、モミやカラマツなど細長い葉をもつ針葉樹だけの森林（タイガ）が広がっています。針葉樹は、建築資材はもちろん、紙の原料となるパルプにもよく利用されます。ロシアやカナダ、スウェーデンは、世界有数の木材輸出国です。

冷帯の中でも、温帯に近い地域では小麦の生産がさかんですが、北極に近い地域では、冬のあいだ地表が凍ってしまうので農業ができません。人々は、農業ができる短い夏のあいだにジャガイモや麦類を栽培します。

冷帯の北部の家は、床の高さを地面から１ｍほど高くした高床になっています。熱帯のように洪水の心配があるわけではないのに、なぜでしょう？

凍った土の上に直接建てられた家の中で暖房を使うと、暖房の熱で凍土中の氷がとけ、地表が水びたしになってしまいます。また、地面の高さが変わり、家がかたむいてしまいます。そこで、とけている地表よりさらに深く掘り、一年中凍った土（永久凍土）にコンクリートの杭を打ち込んで高床にするのです。

●暖房を使うと……
●家がかたむいて
しまう!!
●高床の家なら大丈夫!!

冷帯の人々は、寒さのきびしい冬を快適に過ごせるようにいろいろな工夫をしています。

その工夫のひとつがサウナです。日本でもおなじみのサウナは、じつはユーラシア大陸北西部のフィンランドで生まれたものです。炉で焼いた石に水をかけ、その蒸気で部屋を暖めたのが始まりといわれています。日本のサウナほど熱くはなく、出たり入ったりを繰り返しながら、身体を芯から温めます。

13 「氷の世界」で暮らせるか？

geography

　世界には、年中暑い地域もあれば、**年中寒い地域（寒帯）**もあります。

　北極と南極は、どちらも夏の平均気温が０℃を超えることのない極寒の地です。南極大陸では、1983年に地球上での最低気温「－89.2℃」が記録されています。

　北極に陸地はなく、冬には北極海のほとんどが厚さ２～３ｍの氷でおおわれます。いっぽう、南極には南極大陸がありますが、やはりそのほとんどが2500ｍもの分厚い氷でおおわれていて、人間が住むことはできません。

　北極に近いグリーンランドや北アメリカ大陸、ユーラシア大陸北部には、凍った荒原（ツンドラ）が広がっています。ツンドラの地下は、一年中とけることのない永久凍土ですが、平均気温が０℃を超える短い夏には、ツンドラの地表面がとけて草木が生えます。

　ツンドラでは農業ができないので、人々は漁業やアザラシなどの狩猟、トナカイの遊

牧をして生活しています。野菜や果物が手に入らないので、クジラやアザラシの生肉を食べることでビタミンなどの栄養を補っています。また、きびしい寒さをしのぐため、動物の毛皮でつくった衣服を何枚も重ねて着ます。

昔は、狩りや遊牧をしながら移動していたので、毛皮でできたテントや、雪や氷でつくった家（イグルー）に住んでいました。しかし、定住化が進み、今ではイグルーがあまりつくられなくなりました。

じつは、赤道が通る地域にも、一年中雪と氷でおおわれているところがあります。それは、アフリカ大陸の最高峰キリマンジャロ山です。標高が高くなるほど気温が下がるので、高さ5895ｍのキリマンジャロ山の山頂付近は、緯度に関係なく、一年中寒い地域となるのです。キリマンジャロ山の山頂は万年雪におおわれていて、氷河も見られます。

ほかにもヒマラヤ山脈やアンデス山脈には、雪と氷におおわれた高山がいくつもあります。

14　世界を背負う「象と亀」!?

geography

わたしたちがよく目にする世界地図には、世界のあらゆる海と陸地が描かれていますね。いつごろからこのような地図がつくられるようになったのでしょうか？

地図は、文字よりも先にできたといわれています。世界のあちこちで、洞窟の壁などに描かれた絵地図が見つかっていますが、そこに描かれているのは「世界」ではなく、自分の集落とその周囲のようすです。家や畑、川や泉の位置、木の実や獲物となる動物が多いところ、となりの集落へ続く道や境界など、生きるために必要な情報を仲間と共有するため、目で見てわかる形で残していたのです。

やがて、自分たちの知っている身近な地域だけでなく、想像した「世界」が地図に描かれるようにもなりました。当時、世界は平らだと考えられていました。山や海で囲まれた丸い形の陸地や、平らな陸地を象や亀、巨人が支える地図などが残されています。

●古代インドの世界図

人々の行動範囲が広がると、自分たちの住んでいる地域以外の場所について、たくさんの情報が得られる

ようになりました。西アジアやヨーロッパで航海術が発達し、新大陸が発見されると世界地図に描かれる陸地も増え、同時に描かれる形もより正確なものになりました。**現在の地図に近いものができたのは、イギリスの探検家クックによって、南半球のほとんどが海であると確かめられた18世紀後半のことです。**

日本では、およそ1300年前の奈良時代につくられた日本全図が最古のものといわれています。当時は測量技術も発達しておらず、国と国との位置関係などはわかるものの、面積や距離などは正確に描かれていませんでした。

地図をつくるためには、範囲とする場所すべてを測量してまわる必要があります。そのため、日本全体を正確に描いた地図は、幕府が全国を統一し、強い力で支配した江戸時代になるまでつくられなかったのです。江戸時代後期になってようやく、伊能忠敬によって日本全図がつくられました。

国のようすを正確に表した地図は、重要な国家機密でもあります。江戸時代に来日したドイツ人医師シーボルトは、伊能忠敬の日本全図の写しを国外に持ち出そうとして幕府に捕らえられ、日本から追放されてしまいました。

今日では、地図情報がデジタル化されていて、気軽にインターネットで地図を見たり、場所を検索したりすることができます。地図は以前よりもっと、わたしたちの身近なものになっているのです。

15 「完璧に正確」な地図とは？

「ミカンの皮をむいて、平らに広げて見ましょう」――さあ、あなたはどうやって皮をむきますか？

丸いミカンの皮は、どのようにむいてもゆがんでしまい、きれいに平らに広げることができません。同じように、球体の地球の表面を平面の地図に表そうとしても、必ずひずみが出てしまい、**形や面積、距離、方位のすべてを正しく表すことはできないのです。**そこで、利用する目的によって、いろいろな地図が生み出されました。

わたしたちがよく目にする地図――メルカトル図は、もともとは航海用の海図としてつくられたものです。地図上の経線と緯線が直角に交わっているので、出発地と目的地を直線で結ぶと、その直線と経線とのあいだの角度は常に一定になります。その角度に船の進行方向を合わせれば目的地に着けるので、船のかじ取りが簡単になりました。

●メルカトル図

ただし、欠点もあります。メルカトル図では、北極や南極に近づくほど緯

線が実際よりも長くなります。そのため、高緯度にある陸地の面積は、実際の面積より大きく表示されてしまうのです。例えば、メルカトル図では、グリーンランドがオーストラリア大陸より大きく描かれていますが、実際のグリーンランドの面積はオーストラリア大陸の３分の１以下しかありません。

もうひとつ紹介しましょう。国際連合の旗を見たことはありますか？ 平和の象徴オリーブの葉に囲まれているのは、正距方位図法で描かれた世界地図です。北極を中心にして、５つの大陸が描かれています。この地図は、地球全体を四角形ではなく真円で表していて、中心からの距離と方位を正しく表示することができます。例えば、東京を中心にしてこの地図をつくれば、東京から世界各地へ向かう最短の距離と方向がわかるので、航空路線図などに利用されます。

ただし、この地図にも中心から離れるほど陸地の形のゆがみがひどくなってしまうという欠点があります。

結局、地球を正確に表すことができるのは、ミカンと同じで球体の地球儀しかないということですね。

●正距方位図法

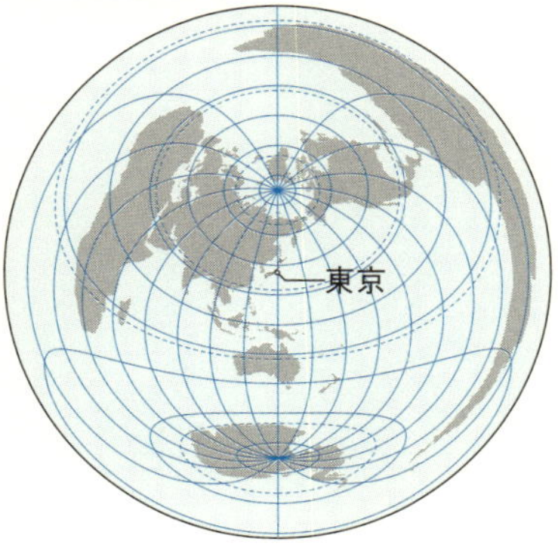

16

なぜ Y が「消防署」？

道路地図、住宅地図、観光地図——あなたはどんな地図を持っていますか？

書店や高速道路のサービスエリア、観光案内所などにはさまざまな種類の地図が置かれていますが、それらの基本となる地図をつくっているのは、国土地理院という国の役所です。国土交通省の特別な機関である国土地理院は、日本全国を測量し、地形図や地勢図、土地利用図などをつくっています。

●**地形図**

国土地理院発行　25000分の1地形図「高知」

国土地理院が発行している地形図を見てみましょう。地図には建物や道路、田や畑などの土地利用、標高などたくさんの情報が詰めこまれています。それらをすべて文字で表していては、とても見にくい地図になってしまいます。そこで国土地理院は、地形図で使う地図記号を決めました。

地図記号は、実物や関連したものの形をもとに、ひと目でわかるようにデザインされています。 ⛩（神社）や ♨（温泉）はわかりやすいですね。しかし、時代とともに難しく感じられる記号も出てきました。消防署を表す  は昔消火に使われた道具を、桑畑を表す  は桑の木の形をそれぞれデザインしたものですが、実物を見たことがないとピンとこないでしょう。

実物がなければ地図記号も必要ありません。川を渡るための通船（）など、今では使われなくなった記号もたくさんあります。反対に、**時代の変化とともに、新しく決められた記号もあります。**例えば、。何を表しているでしょう？ 家につえのマークで、ずばり「老人ホーム」です。

地図記号は、各国がそれぞれ独自に決めているものです。同じ「小中学校」でも、日本の記号（文）とアメリカの記号（）はちがいますし、アフリカのモザンビークの地図には、日本にないバナナの木（）やカカオの畑（）の地図記号があるそうですよ。

17　世界の「さかい目」はどこ？

geography

海外旅行を計画するとき、まず、行き先の国のガイドブックを探しますよね。ギリシャの本ならヨーロッパ、タイの本ならアジアのコーナーに並べられています。

では、トルコのガイドブックはどの地域のコーナーにあると思いますか？

トルコは、ヨーロッパ州とアジア州の両方にまたがる国です。世界を地形的に大きく分けるとき、１つの大陸とその周りの島々を１つの州として区分します。例えば、アフリカ大陸と島々＝アフリカ州、オーストラリア大陸と島々＝オセアニア州……のように。しかし、ユーラシア大陸だけは２つの州に区分されます。ロシアのウラル山脈とボスポラス海峡を結ぶ線の西側をヨーロッパ州、東側をアジア州としているのですが、トルコの領土は、ボスポラス海峡の西側にも東側にもあるのです。

トルコの国民の多くはイスラム教信者で、国内のあちこちにイスラム教寺院がありますし、なにより国土の95％がアジア側にあるのです。ところが、トルコ自身はＥＵ（ヨーロッパ連合）加盟を申請

したり、ＵＥＦＡ（欧州サッカー連盟）に加盟してワールドカップのヨーロッパ予選に参加するなど、ヨーロッパの一員でありたいという気持ちが強いようです。

こうしたことから、トルコのガイドブックはヨーロッパのコーナーに置かれたり、アジアのコーナーに置かれたり、書店によって扱いがまちまちで、探すのが大変です。

地形的な区分と文化的な区分が大きくずれているのは、北アメリカ州と南アメリカ州です。２つの州の分かれ目は、パナマ地峡という細い陸地部分なので、地形的にはカナダ・アメリカ・メキシコなどパナマよりも北にある国々が北アメリカ州、それより南の地域が南アメリカ州となります。

ところが、メキシコより南の国々には、英語を話す人が多いカナダやアメリカ（アングロアメリカ）とちがって、スペイン語を話す人が多く、ラテン系のスペイン語やポルトガル語を公用語とする南アメリカ大陸の国々とともにラテンアメリカとよばれます。

このように、**世界の地域区分にはいろいろな方法があります。**このほかも、産業や主食などで分けてみると、思わぬつながりが見えてくるかもしれませんよ。

18　正しい「国の数え方」とは？

geography

アンドラ、サントメ・プリンシペ、アンティグア・バーブーダ――何のことかわかりますか？　これらはすべて、国の名前です。世界地図をよく見ると、あなたの知らない国がまだまだたくさんあることでしょう。

では、世界にはいくつの国があるのか――？　**じつは「国の数」の数え方は、国によって微妙にちがいます。**

よくある答えは、国際連合に加盟している国の数192（2008年現在）です。ただし、国連に加盟していなくても、国際的に国家として承認されているバチカン市国を国の数に加えることが多いので、「世界の国の数は193」とする場合もあります。

日本も、世界の国の数を193としています。しかし、これは「国連加盟国＋バチカン市国」の数ではなく、「日本政府が承認している国＋日本」の数です。なぜかというと、国連に加盟している国と、日本が国家として認めている国がちがうからです。

北朝鮮（朝鮮民主主義人民共和国）は国連加盟国ですが、日本は北朝鮮を国家として認めておらず、国交がありません。また、2008年に独立を宣言したコソボ共和国を日本は国家として認め、193か国のうちに加えていますが、コソボを国家として認めていない国も多く、まだコソボは国連に加盟していません（2009年4月現在）。

同じように、台湾（中華民国）やパレスチナなどの地域について、国家として認めている国と認めていない国があります。そのため、国によって「世界の国の数」がちがうのです。

そもそも、国とはいったいなんでしょうか？

国として成立するためには、「領域・国民・主権」の3つが必要です。領域は、国境で区切られた一定の土地（領土）とその上空部分（領空）、領土が海に面していれば沿岸から12海里（約22km）までの海（領海）で構成されています。領域に住む人たちが、その国の国民です。

しかし、いくら広い領域があってたくさんの国民が住んでいても、自分の国のことを自分たちで決められなければ、独立国とはいえません。自分の国のことを自ら決める権利、主権を持っていることも、国の条件なのです。

これら3つがすべてそなわって、初めて国家として認められるのです。

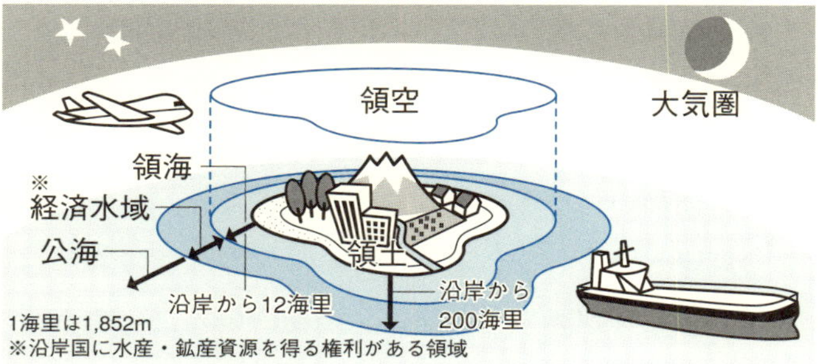

19　南極・宇宙はだれのもの？

geography

海には、沿岸国に権利がある領海と経済水域、そしてどの国でも自由に航行や漁ができる公海があります。公海はいわば、「どの国のものでもない海」です。では、陸地には「どの国のものでもない場所」があるのでしょうか？

南極大陸は、どの国のものでもありません。1959年の南極条約によって、各国の領有権の主張が凍結され、南極大陸はどの国にも属さない土地となったのです。

どの国のものでもない南極ですが、平和目的の調査・研究は認められているので、18か国が南極大陸各地に冬を越すことができる基地を建設し、気象や天体、環境などについて観測を行っています。日本は、昭和基地をはじめとする4つの基地で調査・研究活動を行っています。

1970年代以降、南極大陸や南極海にある鉱物資源に、各国の関心が高まりました。しかし、南極の自然環境を守るため、科学的調査以外を目的とした鉱物資源の探査や採掘を50年間禁止することが、1991年に決められました。

日本でも南極の自然環境を守るため、南極での活動を制限する法律が制定されました。南極へ行くには環境省の許可が必要となり、生態系を保護するために、南極の生物にエサを与えたり、石や植物を持ち帰ったりすることが禁じられました。

もうひとつ、「どの国のものでもない空間」があります。それは宇宙空間です。

領空はその国の上空（大気圏内）までで、それより上の部分は宇宙空間とされています。1966年に宇宙条約が定められ、宇宙空間はどの国のものでもないことが決められました。

宇宙条約では、宇宙空間を軍事目的で利用することも禁じています。宇宙空間には国境がなく、陸地のように山や川などの障害物もありません。そのため、敵対する国の上空に、核兵器を積んだ人工衛星を打ち上げることも可能なのです。こんなふうに宇宙が利用されるのを防ぐためです。

宇宙空間で最近問題になっているのが、ゴミ問題です。各国が自由に、大量の人工衛星を打ち上げてきた結果、宇宙には耐用年数を過ぎた人工衛星や、衛星の打ち上げに使われたロケット、また宇宙飛行士が落とした手袋や工具など、約5500トンのゴミが浮かんでいます。それらがすべて、秒速３～８kmのスピードで地球の周りを回っているのですから、いつ宇宙ステーションや宇宙船に衝突してもおかしくありません。しかし、技術的に回収が難しく、今のところ有効な手立てはありません。

20 「国境越え」は命がけ？

ブーツのような形のイタリア、ゾウの顔のような形のタイ——世界にはおもしろい形をした国がたくさんあります。

地図を見ると、たいていの国はギザギザと不規則な線で区切られた複雑な形をしていますが、エジプトのように直線で区切られ、ととのった形をしている国もあります。また、インドとパキスタンのように区切り線がとぎれていて、国の形がはっきりしない国もあります。国の形はどのように決まるのでしょう？

地図上で国の形を示す線は、国と国の境界、国境を表しています。**国境には、川や山、湖など自然の地形を利用したものと、経線や緯線を利用したものがあります。**

日本は周りを海に囲まれているので、海の上にとなりの韓国やロシアとの国境があります。陸続きの国の場合、石碑や看板などを建て国境を表示していますが、海にはなにも表示がありません。船や飛行機で国境を越える場合は、「ここが国境だ！」と実感することは難しいですね。

日本に住んでいると、国境というものを実感する機会があまりありませんが、海外旅行へ行ったときは入国審査で少しドキドキしますね。それでもほとんどの国の場合、パスポートがあれば国境をまたぐのはそれほど難しいことではありません。

しかし、韓国と北朝鮮、レバノンとイスラエルなど敵対する国どうしのニュースを見たり聴いたりすると、このような国々の国境を越えることの難しさを感じます。これらの国々の国境には鉄条網やフェンスが張られ、武器を手にした兵士が厳重に警備をしていて、むやみに近づくと命を失う危険さえあります。

きれいにととのったエジプトの国の形は、緯線や経線を利用して引かれたまっすぐな国境線によるものです。アフリカ大陸の地図を見ると、エジプト以外にも直線の国境を持つ国がたくさんあることがわかります。これは、19世紀後半から、ヨーロッパの国々が自分たちが支配しやすいようにアフリカ大陸を分割し、植民地としたためです。民族や種族の分布、地形などを無視して経線や緯線で区切ったので、植民地内で別の民族や種族が住んだり、同じ民族や種族が別の国に分かれたりしてしまいました。国が独立したあとも民族や種族のあいだの対立が続き、アフリカのあちこちで紛争がおきています。

●アフリカ大陸の国々と国境

世界には国境が画定されていないところもたくさんあり、国と国との対立も絶えません。

クイズ

AM11：00の「真夜中」!?

東京に住む裕子さんが、**午前11時**に外国に住む友だちに国際電話をしたら、**「まだ夜中の3時よ」**と不機嫌な返事。友だちが住む町を、地図の中から選びましょう。

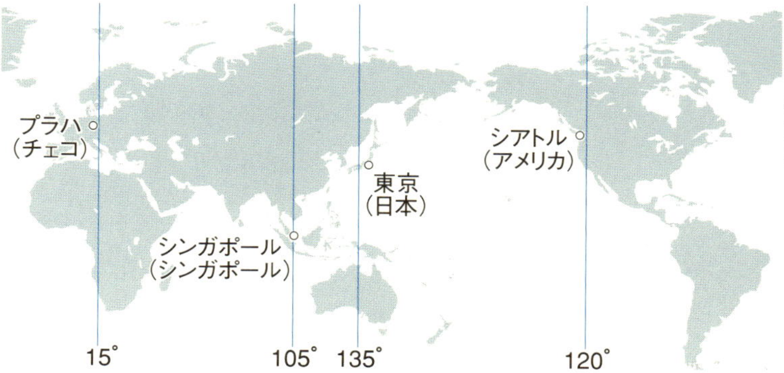

↓ ①〜③に数字を入れて考えましょう！

裕子さんが電話した時刻は、東京が午前11時、友だちの町が午前3時でした。2つの町の時差は（①）時間ということです。時差は、それぞれの国が時刻の基準としている経線の経度の差（②）度につき1時間生じます。2つの町の経度差を計算すると、（①）時間×（②）度＝（③）度となりますね。

答え　①8　②15　③120　町：プラハ

第2章

世界と日本のようす

21 「人種の壁」は越えられる？

「アメリカ合衆国初の黒人大統領誕生！」——アメリカだけでなく、世界中で大々的に報じられたニュースです。

アメリカに住む黒人の多くは、アフリカ大陸から奴隷として連れてこられた人々の子孫です。白人の経営する大農園で働かされ、しいたげられてきた黒人は、長いあいだ人種差別に苦しんできました。そして今でも、**「人種の壁はまったくなくなった」とはいえません。**

人種というのは、肌や髪の色といった身体的な特徴で人類を分類する方法で、大きくネグロイド（黒人）・コーカソイド（白人）・モンゴロイド（黄色人種）の３つ、あるいはオーストラロイド（オーストラリア大陸を中心に分布）を加えた４つに分けられます。

しかし、肌の色は住んでいる地域の紫外線に適応した結果にすぎません。また、イランやイラク、インド北部の人々は肌の色が褐色なのに、ＤＮＡを分析するとコーカソイドに分類されるなど、遺伝的に同じ人々でも肌の色がちがうことがわかってきました。こうしたことから、人類を肌の色で分類することにあまり意味はないと考えられるようになりました。

もちろん、**肌の色で人種の優劣が決まるなどという根拠は、なにひとつないのです。**

人類を、言語や宗教、生活習慣など同じ文化を共有する集団（民族）で分けることもあります。

１つの民族だけでできている国は、国民の価値観や考え方に大きなずれがなく、国家としてまとまりやすいのです。しかし、世界各地が船や飛行機で結ばれ、ほかの国に移住する人も多くなった現代では、１つの国にいくつかの民族が暮らしているのは、ごく当たり前のことです。

日本も例外ではありません。北海道には、独自の歴史や文化、言語をもつ先住民アイヌの人々がいますし、日本列島の目と鼻の先にある朝鮮半島からは、じつに1500年以上も前から多くの人々が移り住んでいます。また最近は、仕事を求めて日本にやってくる日系ブラジル人や日系ペルー人も増えています。

多くの民族が暮らす国では、民族間の対立がおこりやすいことが問題です。世界の各地で民族紛争がおこっていて、現在もたくさんの人々が苦しんでいます。

22 10人に１人が「東京都民」!?

geography

日本人の10人に１人は東京都民――そういわれてもピンとこないかもしれませんが、日本の首都・東京都には、日本全体の人口１億2777万人の約10％に当たる1275万人が住んでいます(2007年)。**じつに日本の総人口の10分の１もの人が東京都に住んでいることになります。**

いっぽう、意外に思うかもしれませんが、北海道の人口は全国で８番目に多い557万人です。しかし、北海道には東京都のようにぎゅうぎゅう人で混み合ったイメージはありません。北海道の面積は、日本全体の５分の１に当たる約７万8400km^2(北方領土をのぞく)。わずか2200km^2ほどの広さしかない東京都に比べたら、北海道はゆったりしているのです。１km^2四方に何人住んでいるか計算すると、北海道は71人、東京都は5832人。東京都がいかに混み合っているかあきらかですね。

●人の混み合いぐあい

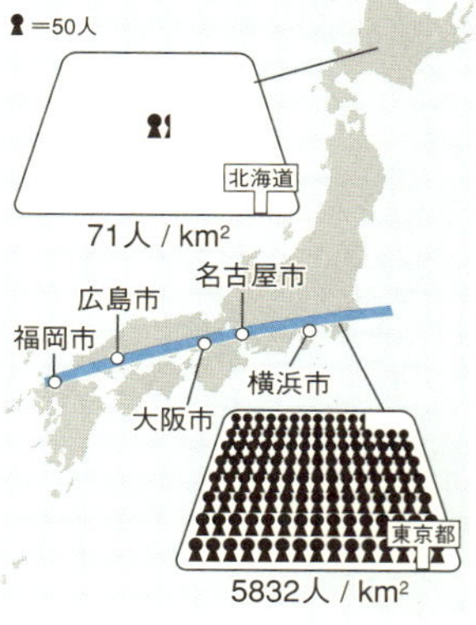

東京都をはじめ、人が密集している都市は、本州から九州にかけて日本を横断するように広がっています。太平洋側の地域は、一年を通して比較

的温暖で、大雪が降るようなことはあまりありません。また、世界の国々につながる港がたくさんあり、日本の玄関にもなっています。こうした地域だからこそ、**農業や工業などがさかんになり、またそれらの仕事を求めて多くの人があつまってきます。**さらに、**あつまってきた人たちの生活を支えるための商業もさかんになり、都市がつくられていくのです。**

日本海側の地域や東北地方には、大都市とよべるほどの人口があつまる地域はありません。農業や漁業など、それぞれ地域に合った産業はさかんに行われていますが、大都市が生まれるほどの人はあつまらないのです。

人口が多い大都市では、便利なサービスが充実していて暮らしやすいように感じます。しかし、こうした「過密」の状態にある大都市は、交通の混雑やゴミの処分など、さまざまな問題をかかえています。もちろん、人が少なすぎて「過疎」の状態にある地域にも、バスや電車などの交通機関が廃止になったり、学校や病院がなくなったりするなど、人々の生活が成り立たなくなるような問題があります。

また、**「過疎」や「過密」の地域では、年齢の構成にもかたよりができます。**「過疎」の地域は、若い人が大都市へ働きに出てしまうため、働きざかりの世代や子どもが減り、高齢者の割合が高くなります。こうした**地域の年齢構成のかたよりが、過疎化や過密化をますます大きくしているのです。**

23 「世界の人口」2050年は何人に？

日本は少子高齢化が進んでおり、これからの人口減少が心配されています。では、世界の人口も日本と同じように減っていくのでしょうか？

世界の人口は、20世紀の100年間で16億人から61億人に増えました。医療技術の進歩、衛生面の改善、食生活の向上によって、死亡率が低下したためです。とくに、第二次世界大戦後は、人口爆発とよばれるほどの急激な人口増加が見られました。

世界の人口は今後も増え続け、2050年には91億人にまで達すると予測されています。日本のように人口が減っている国もあれば、それを上回る勢いで人口が増加している国もあるのです。

人口増加率が低い国は、日本と同じく工業化が進んだヨーロッパの国々に多く、ドイツはすでにマイナスに転じています。アメリカも工業化が進んでいますが、ヒスパニック（ラテンアメリカ諸国からの移民）系の住民が出生率を押し上げていて、先進国の中でも高い増加率を示しています。

人口増加率が高い国は、アジアやアフリカ、南アメリカに多く、**とくにアフリカの「世界の最貧国」といわれる貧しい国々**

では、その高さが目立ちます。これらの国々では、農業の機械化が進んでいないので、農作業に多くの労働力を必要とします。そのため、重要な働き手である子どもの数は多ければ多いほどよいとされているのです。

しかし、世界の多くの国では、人口増加のスピードに食料生産が追いつかず、飢えに苦しむ人々が増えています。また、住居や学校、下水道設備など、健康的に暮らすための環境整備が十分ではないため、不衛生な環境で命を落とす人も少なくありません。

経済的に豊かな先進工業国で人口が減少し、貧しい途上国で人口が増加しているのは皮肉なことです。人口の増加も減少も、もはや一国だけで解決できる問題ではなくなっているのかもしれません。

●人口増加率が高い国、低い国

「データブック・オブ・ザ・ワールド2009」より作成

24　世界はほんとうに「食料不足」？

世界には今、食料を満足に得られない人が10億人近くいます。世界の総人口が67億人ですから、**およそ７人に１人が飢えに苦しんでいることになります。**そして毎日、２万５千人もの人が、栄養不足が原因で死亡しているのです。

しかし、そのいっぽうでは、栄養のとりすぎで肥満になっている人がいたり、食べ物が余って大量に捨てられたりしています。どうして、飢餓の国と飽食の国が存在するのでしょうか？

じつは世界全体では、すべての人々が食べるのに十分な食料が生産されています。ただし、**よその国に売るほどたくさん生産できる国もあれば、自国で必要な分すら生産できない国もあります。**

食料が足りない国は、余っている国から食料を買わなくてはなりません。日本のように経済的に豊かな国は、十分な食料を買うことができますが、アフリカのエチオピアなど貧しい国々は、国民を養えるだけの食料を買うことができないのです。

貧しい国々が十分な食料を買えないのは、食料価格が上がっているせいでもあります。オーストラリアなどの大生産地が干ばつ（日照り）により不作となったこと、環境にやさしい燃料として注目をあつめるバイオ燃料の原料にトウモロコシなどの穀物が使われていること、肉を食べる人が増えて家畜のエサとして穀物の需要が急増したことなどが、食料の値上がりを引きおこしています。そのため、貧しい国はますます食料を手に入れにくくなっているのです。

2050年には91億人なると予測されている世界人口。とくに、アジアやアフリカの人口は激増するといわれています。

しかし、このままでは飢えに苦しむ人がますます増えてしまうでしょう。資金協力や食料援助も大切ですが、わたしたちはまず、自らの食生活を見直し、食料が世界の人々に適正に分配されるように考えていかなくてはなりません。

●**ハンガーマップ（世界の飢餓状況）**

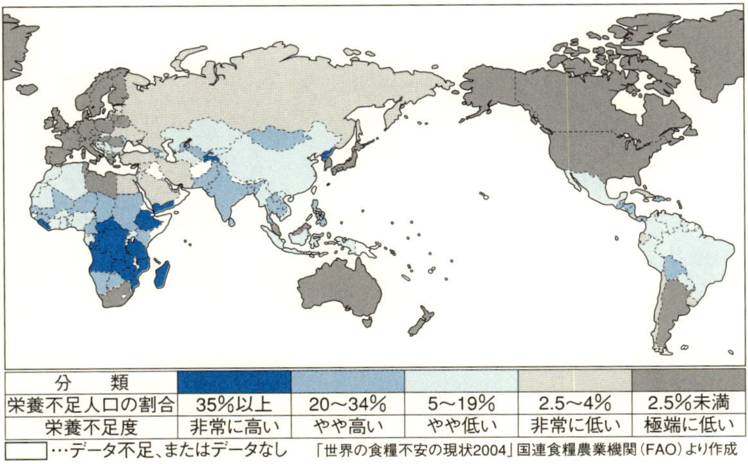

分　類					
栄養不足人口の割合	35%以上	20～34%	5～19%	2.5～4%	2.5%未満
栄養不足度	非常に高い	やや高い	やや低い	非常に低い	極端に低い

□…データ不足、またはデータなし　「世界の食糧不安の現状2004」国連食糧農業機関（FAO）より作成

25 多国籍食卓……みそ汁よお前もか!?

朝食…トースト・目玉焼き・コーヒー

昼食…きつねうどん

夕食…ごはん・みそ汁・エビフライ・冷やっこ

この中に、外国産の食材はどれくらい使われていると思いますか？

答えは、目玉焼きとごはん、それに野菜のネギ以外のすべてが外国産です。パンやうどんの原料の小麦はアメリカやオーストラリア、コーヒー豆はブラジル、油揚げや豆腐、しょうゆ、みその原料の大豆はアメリカ、エビはベトナムからの輸入品です。

自国で消費されるすべての食料のうち、国内で生産されている量の比率を食料自給率といいます。もちろん自給率は高い方がよく、100%を超える場合には、余った分を輸出にまわすことができます。例えば、「世界の食料庫」アメリカの穀物自給率（飼料用穀物を含む）は132%、ヨーロッパの農業大国フラ

ンスは173%、両国とも小麦やトウモロコシの輸出大国です。

それに対し、日本の穀物自給率はわずか27%にすぎません。小麦が13%、大豆が７％、トウモロコシはほぼ０％と非常に自給率が低いので、全体の自給率が下がっているのです。主食の米でさえ96%で、国内生産だけではまかなえないのです。

自給率が低いということは、どういうことでしょうか？ **もし、生産国で不作となったり、生産国が日本への輸出をやめたりしたら、わたしたちはその食料を手に入れられなくなってしまうのです。**

国産の農産物で用意できる朝食のメニューには、どんなものがあるでしょう？ ごはんは茶碗１杯、粉ふきいも（じゃがいも２個）、ぬか漬（野菜90ｇ）、みそ汁は２日に１杯――ダイエット中のメニューみたいです。

たくさんの人手や肥料を使って生産される日本の農産物は、価格では安い輸入農産物に勝てません。そこで、品質や安全性を高めることで、外国の農産物との差別化をはかっています。また、ＢＳＥ（狂牛病）や残留農薬など、輸入農産物の安全性に対する心配が高まっていることもあり、最近は「生産者の顔が見える」国産の農産物を求める消費者が増えてきました。

やはり、自分たちが食べる分の食料は、自分たちの国でまかなうのが理想です。自分の住む地域でとれる食材、旬の食材を選ぶなど、少しでも食料自給率を上げる努力をしたいですね。

26 海の国・日本で「魚が足りない」!?

海に囲まれた日本では、魚は毎日の食卓に欠かせない食材です。明治時代に肉食が、第二次世界大戦後には洋風の食生活が

広まって肉類の消費量が急激に増えたとはいえ、日本人1人が一年間に消費する魚介類の量は約67kgで、アメリカの約3倍（2005年）、なんとアジの開き500尾分以上にもなります。

魚なんて周りの海からとり放題、と思っていませんか？ スーパーマーケットの店頭で、パックに表示された「原産国」をよく見てください。マグロは台湾、エビはベトナム、アサリは中国、サケはチリ、タコはモーリタニア…太平洋だけでなく、はるか遠い大西洋で外国船がとった魚介類がならべられています。**今や日本は、世界一の水産物輸入国となっているのです。**

このように輸入量が多いのは、日本の漁獲量が年々減少し、最も多かったころの半分以下にまで落ちこんでいるからです。日本の周りには、大陸棚や三陸沖の潮目（暖流と寒流がぶつかるところ）といった世界有数の好漁場があるのに、なぜ漁獲量が減ってしまったのでしょうか？

今から30年ほど前まで、日本は世界中の海で自由にマグロや

カツオをとっていました。冷凍技術が発達し、とった魚をすぐに冷凍保存して新鮮さを保つことができるようになったので、日本から遠く離れた海でも、さかんに漁を行っていたのです。

そんな中、1970年代に石油危機がおこり、世界中で物価が上がりしました。もちろん漁船の燃料費も例にもれず、日本から遠く離れた海で行われる漁業は多くの燃料を必要とするため、とくに大きなダメージを受けたのです。

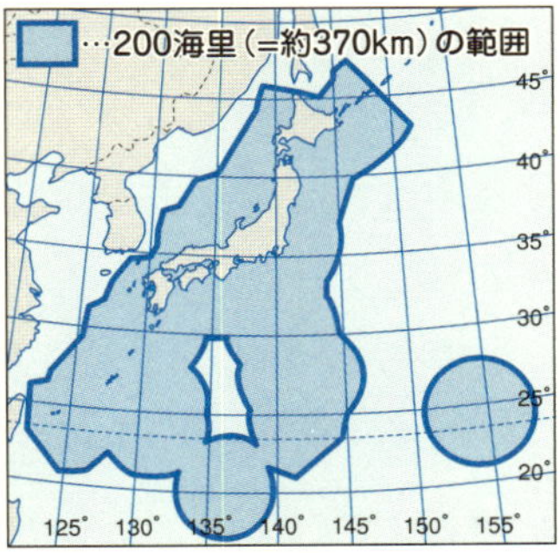

さらに1970～80年代にかけ、それまであまり意識されていなかった水産資源の保護や各国の権利をうったえる声が国際的に高まり、**沿岸から200海里以内の水域の海洋資源については沿岸国にだけ権利があるという取り決めができました。**このため、大量の漁獲を日本にもたらしていた北海道近海のソビエト連邦領土付近で漁ができなくなるなど、こちらも日本の漁業にとって大きな曲がり角となったのです。

曲がり角に立たされた漁業から離れる人が増え、さらに漁獲量の減少に拍車がかかりました。ピークの1984年には1300万トン近くあった日本の漁獲量は、現在600万トン程度にまで落ちこんでいます。それをカバーするために、外国からの輸入に頼らざるを得なくなっているのです。

27 森の国・日本で「木も足りない」!?

geography

新聞・雑誌、トイレットペーパー、ダンボール——わたしたちの身の回りには、たくさんの紙製品があふれています。

紙の原料は木ですから、紙を使えば使うほど、たくさんの木材が必要となります。でも、日本の国土は３分の２が森林です。木はたっぷりあるので、木材は十分にまかなえるようにみえるでしょう。

ところが実際には、**日本の木材の自給率はわずか20％あまり。外国から大量の木材を輸入しています。**なぜ、国産の木材を使わないのでしょうか？

林業は、木材を切り出すだけが仕事ではありません。木の生長を助けるため、周りの雑草を刈ったり、混み合ってしげる木の本数を減らしたりしなくてはなりません。しかし、山がちな日本の森林では、それらの作業を行うのはとても大変です。平らで広大な森林から大型機械を使って切り出す外国産の木材の２〜４倍の生産コストがかかるといわれています。**価格の高い国産の木材が敬遠されるのは、しかたがないことかもしれません。**

日本はおもに針葉樹をカナダやロシアから、広葉樹をマレーシアから輸入しています。しかし、どの地域でも伐採による森林破壊が問題になっています。

たとえば、ロシアのシベリアの凍土帯に広がる針葉樹林をいちどに広い範囲で伐採すると、地表があらわになり、太陽の光が直接凍土を温め、とかしてしまいます。このとけた水が地表にたまり、沼地のようになると、そこに木が育つことはありません。伐採された部分の森林は、永久になくなってしまうのです。

東南アジアの国々でも、輸出用の木材の切り出しによる森林破壊が、深刻な問題になっています。日本は以前、フィリピンから木材を輸入していましたが、フィリピンの森林資源が減少すると、輸入先をインドネシアに替えました。インドネシアでも森林資源が減少し、今はおもにマレーシアから木材を輸入しています。

こうした産出国の森林資源を枯渇させるようなやり方に、非難の声が上がるようになりました。そして、産出国は自国の森林資源と貿易活動を守るため、丸太の輸出を規制・禁止し、自国で加工まで行った木材製品の輸出を進めるようになったのです。それでも毎年広大な面積の森林が失われていて、生態系や地球環境への影響があやぶまれています。

●森林面積の減少が大きい国

（2000〜2005年平均）　（▲＝50万ha）

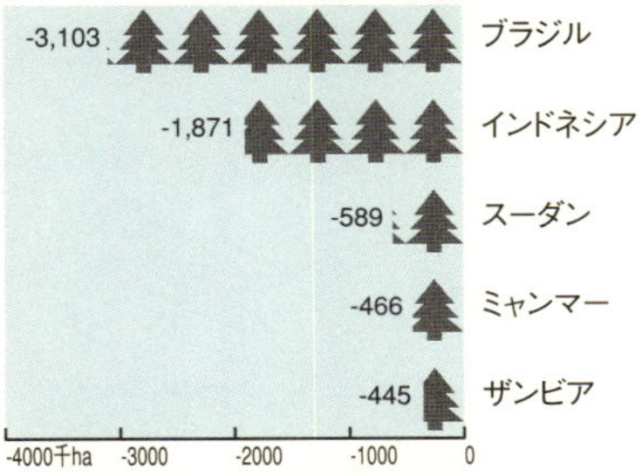

国連食糧農業機関「森林資源評価2005」より作成

28 原油高で「ちくわ」も値上がり？

　ガソリン、航空運賃、ちくわ、オレンジ、しょうゆ、ハム——これらは、原油価格の高騰が原因で値上がりした商品です。「ガソリンはわかるけど、なぜちくわやオレンジまで？」と思う人もいるでしょう。

　世界のエネルギーの中心は石油です。自動車や飛行機、船は石油がなければ動きませんし、多くの国で石油を燃やして発電する火力発電が主流となっています。**原油価格が上がると、輸送費などのコストが上がるため、石油に直接関係のないような製品の価格まで上がってしまうのです。**

　例えばちくわの場合には、

漁船の燃料費が上がる
漁獲コスト増加で魚の値段が上がる
値上げ
魚を原料とするちくわの値段が上がる

となります。いっぽう、オレンジの場合は、

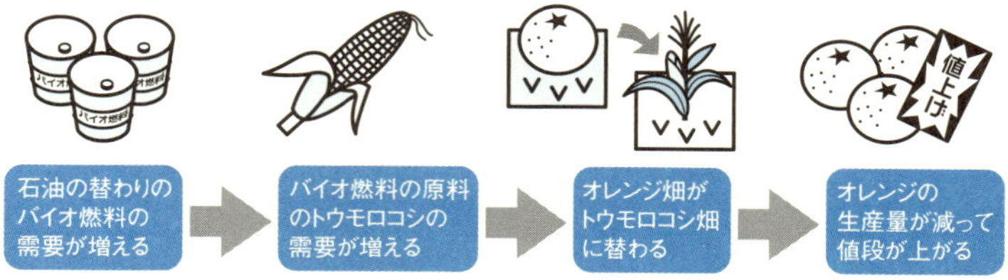

バイオ燃料
石油の替わりのバイオ燃料の需要が増える
バイオ燃料の原料のトウモロコシの需要が増える
オレンジ畑がトウモロコシ畑に替わる
値上げ
オレンジの生産量が減って値段が上がる

となります。

このように、**原油価格の高騰は、世界のあらゆる産業に影響を与え、わたしたちの生活を混乱させます。**

1970年代の２度のオイルショック以降、日本は石油にたよりきったエネルギー構造を変えようと、天然ガスや原子力発電への転換、新しいエネルギーの開発などを進めてきました。

天然ガスは、石油と同じく火力発電の燃料として使われますが、石油に比べて燃焼するときに発生する二酸化炭素の量が少ないことから、クリーンなエネルギーといわれています。

日本は、天然ガスをインドネシアやマレーシアから輸入しています。採掘した天然ガスは、－160℃くらいに冷やして液化され、「ＬＮＧ（液化天然ガス）」専用のタンカーで日本に運ばれます。

天然ガスも限りのある資源ですが、世界各地で新しいガス田が次々に見つかっているので、今後は石油に替わってエネルギーの中心となるかもしれません。

原子力発電は、石油の替わりにウラン燃料を利用する発電で、二酸化炭素を出さないという利点がある反面、放射性廃棄物の処理や事故がおきたときの被害の大きさが問題となっています。

最近では、太陽光などのクリーンで安全、尽きることのないエネルギーが注目されています。しかし、石油にとって替わるには、まだ時間がかかりそうです。

29 資源なき日本がなぜ「工業大国」!?

世界には、日本のように資源がほとんどとれない「持たざる国」もあれば、資源に恵まれた国もあります。

例えば、東南アジアのカリマンタン島の北部にあるブルネイ。面積は日本の三重県ほどの小さい国ですが、石油と天然ガスに恵まれ、国王は世界有数の資産家、国民も所得税を支払う必要がないほど経済的に豊かな国です。

また、太平洋に浮かぶ島国ナウルも、肥料や飼料などに用いられるリン鉱石を産出し、20世紀末までは国民は働くことを知らないほど豊かな国でした。

しかし、資源の埋蔵量には限りがあります。ブルネイは、将来石油や天然ガスが枯渇したときにそなえ、農業や森林開発、国外への投資を積極的に行っています。いっぽうナウルは、リン鉱石の採掘と輸出のほかになにも産業がなかったので、リン鉱石の枯渇とともに国の経済が破綻してしまいました。現在も外国からの援助に頼っている状態です。

「持たざる国」日本は、世界各国からあらゆる資源を輸入していますが、急激に需要が増えている中国やインドなどと、今後は資源のとりあいになることが心配されています。

日本と中国はどちらも鉄鋼の生産がさかんで、中国は世界第

１位、日本は世界第２位の輸出国です（2006年）。日本は、鉄鋼の原材料である鉄鉱石と石炭をオーストラリアから輸入し、中国は国内産出分でまかなっていました。しかし、中国の鉄鋼の生産量が急増して、国内で産出される分だけでは足りなくなり、中国も鉄鉱石や石炭を輸入するようになったのです。

日本は、資源や原材料を外国から輸入して加工し、工業製品に仕上げて輸出しています。もしも資源や原材料を輸入できなくなったら、日本の工業はなりたたなくなってしまいます。資源を安定して確保することは、これからの重要な課題です。

今後、自国の資源を守ろうとする産出国の政策や、政情不安などで、さらに資源が手に入りにくくなることも考えられます。産出国との関係をよくするための努力や、資源を有効に再利用できる技術の確立が求められています。

●おもな鉱産資源の埋蔵量１位の国（2006年＊は2005年）

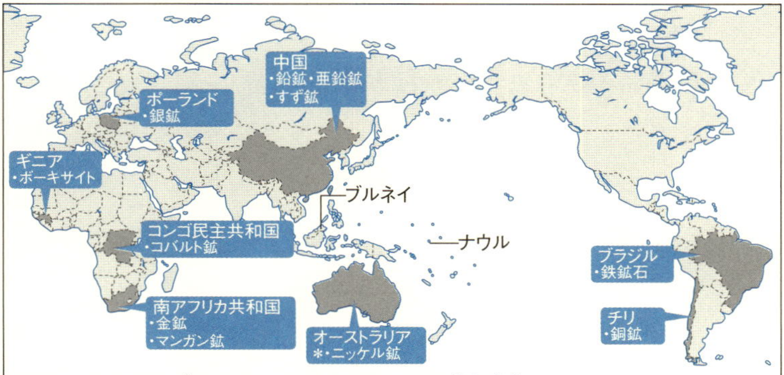

U.S.Geological Survey “Mineral Commodity Summaries 2007” より作成

30 富めるは「北」の者ばかり？

日本ではとれないフルーツや、季節はずれの野菜、100円ショップの商品、あなたの着ている服――これらのほとんどが、輸入品ではないでしょうか。

もともと貿易は、自国にないものを輸入し、他国にないものを輸出することから始まりました。やがて、それぞれの国が得意な商品にしぼって生産して輸出し、それ以外の商品は外国から輸入するようになりました。それぞれの国に不足するものを補いあっているうちはよかったのですが、しだいに商品を生産する能力の差や、貿易で利益を生み出す国が出てきました。

例えば1970年代、日本からアメリカへの自動車の輸出が増え、日本は輸入額より輸出額が高い貿易黒字、アメリカは輸出額より輸入額が高い貿易赤字となり、日本とアメリカのあいだで貿易摩擦がおこりました。日本が輸出を自主規制することで解決しましたが、その後も日本とアメリカ、ヨーロッパなどの先進国どうしの貿易摩擦は繰り返しおきています。

また、先進国どうしだけでなく、先進国と途上国との貿易にも問題があります。途上国は工業化が進んでいないので、輸出できる工業製品がつくれません。そこで、プランテーションという大農園で栽培したコーヒー豆やサトウキビ、天然ゴムなどの農産物や、石油や石炭などの資源を輸出して、工業製品を輸入しています。しかし、途上国が輸出する農産物や資源の価格は安く、先進国から輸入する工業製品の価格は高いので、**途上国はつねに貿易赤字となってしまいます。そのため、途上国の工業化は遅れ、経済発展も進まないのです。**

こうした先進国と途上国とのあいだの経済格差の広がりを、南北問題といいます。アメリカ合衆国やヨーロッパ諸国などの先進国が北側に、アフリカ・中南アメリカなどの途上国が南側に多いため、このようによばれています。

途上国の中には、マレーシアやブラジルのように特定の作物にたよるモノカルチャー経済を抜け出し、工業化に成功した国もあります。このような新興工業国や産油国など途上国の中でも豊かな国と、資源もなく工業化も進まない貧しい国との経済格差を、南南問題といいます。

31　道はいつから、どこまでつづく？

geography

現在でも、日本のいたるところで「○○街道」という道路表示を見かけることがあります。「街道」とはまた、時代劇に出てくるような古くさい名前。どんな古い道なのかと思えば、道幅は広く、しっかりとアスファルトで舗装され、自動車がびゅんびゅんと走っているごく普通の道路です。

「○○街道」という名前は、その道すじがずっと昔に整備されたものであることのなごりです。「現役」をつづける「○○街道」は、道の歴史がわたしたちの想像以上に古いことを物語っているのです。

日本では7世紀の半ばごろに、都と各地方とを馬で通行する制度が整備されました。都と地方のあいだの道には、30里（約16km、のちの約4里）ごとに駅（中継所）が置かれ、駅から駅まで政府の使者が馬を乗り継いでいけるしくみになっていました。陸上競技としておなじみの駅伝競走は、この「駅伝制度」に由来するものです。駅ごとに馬を乗り継いでいくようすは、各区の走者がたすきをつないでいく姿と重なりますね。

江戸時代には、江戸を出発点とする5つの街道を中心に、陸上の交通網が発達しました。当時、江戸から大坂まで徒歩では13日、手紙やお金、小荷物を運ぶ飛脚で6日ほどかかったそうです。街道沿いには旅行者のための宿場町が発展し、宿泊や休息ができる施設がつくられました。宿場町として栄えた箱根《はこね》（神奈川県）や馬籠《まごめ》（岐阜県）などには、今でも当時の面影をしのばせる街並みが残されています。

明治時代に入ると、政府は近代化の一環として鉄道建設に力を入れました。移動手段は鉄道が主流になり、1960年代くらいまで国内の旅客輸送の割合は、鉄道が70％近くをしめていたのですが、高度経済成長を通して自動車が一般家庭に普及したことにより、現在では自動車が65％と鉄道を逆転し、道路が「復権」を果たしました。

道をいくための交通手段は変化し、それに応じて道幅が広げられたり、舗装されたりしてきました。しかし、これから自動車につづく新しい交通手段が生まれたとしても、「○○街道」の名前とその道すじだけは、ずっと変わらないのかもしれません。

●江戸時代の五街道

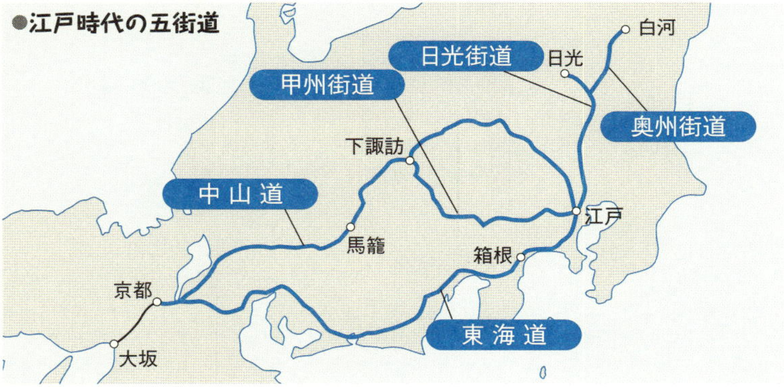

クイズ

「ヘンな地名」コレクション！？

漢字で書かれると「？」、漢字で書けといわれても「？」な地名は、日本中にあります。次のⒶ～Ⓙはほんの一例。**ひらがなを漢字で書き、漢字は読んで**みましょう。

答え■ Ⓐ留萌　Ⓑけせんぬま　Ⓒ福生　Ⓓいといがわ
Ⓔ各務原　Ⓕひらかた　Ⓖ廿日市　Ⓗかんおんじ
Ⓘ薩摩川内　Ⓙきやん

第3章

世界の地域と国々

32 「おとなり」は気になる国？

——アジアの国々①——

わたしたちが町で白人を見かけても、顔つきや言葉だけではアメリカの人なのかヨーロッパの国の人なのかほとんど区別がつきません。同じように、アメリカやヨーロッパの人は、中国人や韓国人とわたしたち日本人の区別がつかないそうです。

それは、日本・中国(中華人民共和国)・韓国(大韓民国) がアジアの中でも同じ「東アジア」という地域に含まれることと関係しています。

「東アジアの仲間」といっても、もちろん文化や考え方にちがいがあり、理解しあうのが難しく、だからこそ面白いのです。東アジアで暮らす日本人と各国の人々——どこが「同じ」で、どこが「ちがう」のでしょう？

ユーラシア大陸の東部と中部に位置するアジアは、**6つの地域に分けられます。**このうち、東アジアの国々は日本に近い国ばかりなので、名前を知っている国も多いでしょう。

日本のすぐおとなりの韓国は、最近の「韓流ブーム」もあってぐっと身近になりました。韓国には年間200万人以上の日本人が訪れています。韓国と同じ朝鮮半島にある北朝鮮（朝鮮民主主義人民共和国）は、日本と国交のない国ですが、政治的・経済的な問題で新聞やテレビのニュースで取り上げられない日はありません。世界で３番目に広い国土を持つ中国は、珍しい景観や歴史的な建造物がたくさんあり、年間400万人近い日本人が訪れています。

モンゴルは遊牧民族の国であるため、食生活や文化に日本との共通点は多くありません。しかし最近では、大相撲でモンゴル出身の力士の活躍が目立ち、マスコミに取り上げられる機会が増えました。モンゴルを訪れる人も増えているようです。

東アジアの国々は、歴史的にみても日本との関わりがとても深いことがわかります。米づくりは、中国の長江中・下流域で始まり、**朝鮮半島をへて日本に伝わったといわれています。**漢字や仏教、土木や織物、陶器づくりの技術は**朝鮮半島から日本に移り住んだ人々によってもたらされました。**江戸時代に日本が鎖国をしていたときも、**中国との貿易は行われ、朝鮮からはひんぱんに使いが送られてきていました。**このように、日本は何千年も前から、東アジアの地域と交流を続けているのです。

大韓民国

「会社を休まず、土・日でソウルをたっぷりエンジョイ！」——東京（羽田空港）からソウルまで2時間ほど、アジアで最も日本に近い国、韓国だからこそのツアーですね。福岡ープサンならわずか50分。「ちょっと韓国まで」と気軽に行ける国です。

韓国は、日本とほぼ同じ緯度・経度の位置にあるので**時差がなく、日本とよく似た気候**です。旅行には、日本と同じ服装を用意すればよいでしょう。日本に比べて春と秋がやや短いものの、四季のちがいがはっきりしていて、7月ごろには梅雨があり、10月ごろには台風も上陸します。

大陸の一部が海に突き出た半島に位置するので、南部のプサンは夏と冬の気温差が小さい海洋性の気候、北部のソウルは夏と冬の気温差が大きい大陸性の気候になります。

冬の寒さがきびしいソウルでは、近代的な高層アパートにも全室にオンドルがついています。オンドルは、朝鮮半島北部や中国東北部で見られる伝統的な床下暖房のことです。昔は熱した空気を床下に通していましたが、今は熱湯を床下に通して部屋を暖めるしくみになっています。

韓国を訪れたら、やっぱり本場の焼肉やキムチを楽しみたいですね。キムチは、朝鮮語で「野菜を漬けたもの」という意味で、その種類は200以上あるといわれています。ご飯にはスープとともに必ずキムチが添えられ、韓国の食卓に欠かすことのできない食品です。

キムチといえば、真っ赤で辛いものというイメージがありますが、じつはキムチにトウガラシが使われるようになったのは18世紀ごろからです。それまではニンニク・ショウガ・サンショウ・塩だけで味付けされた漬け物でした。

トウガラシは南アメリカ原産の植物で、16世紀半ばにポルトガル人によって日本に伝えられ、その後日本から朝鮮半島に伝えられたと考えられています。日本では当初、観賞用や毒薬として用いられるだけで、食用にはされていませんでした。

テレビドラマでもおなじみの韓国の民族衣装は、チマ（スカート）とチョゴリ（上着）を合わせた女性用のチマチョゴリ、パジ（ズボン）とチョゴリを合わせた男性用のパジチョゴリです。日本の着物と同じように、最近ではふだんの生活で着用されることはあまりなく、結婚式など限られた席で着られることが多いようです。

●パジチョゴリとチマチョゴリ

中華人民共和国

麻婆豆腐、八宝菜、餃子・饅頭（マントウ）、小籠包——日本では、どの料理も「中華料理」として食べますが、辛かったり、あっさりしていたり、甘辛かったり、濃厚だったり、料理によって味付けがまったくちがいますね。

これらは、中国の四川・広東・北京・上海地方を代表する料理で、**それぞれの地方でとれる食材や、風土に合った調味料が使われています。**

例えば、四川料理の麻婆豆腐は、サンショウやトウガラシをたっぷり使い、辛く仕上げます。夏に蒸し暑く、冬の寒さがきびしい四川省では、辛い料理を食べて汗をかくことが健康によいからです。

また、内陸で寒い北京では、油をたくさん使った濃厚な味付けの料理が多く、米があまりとれないため、小麦粉を使った饅

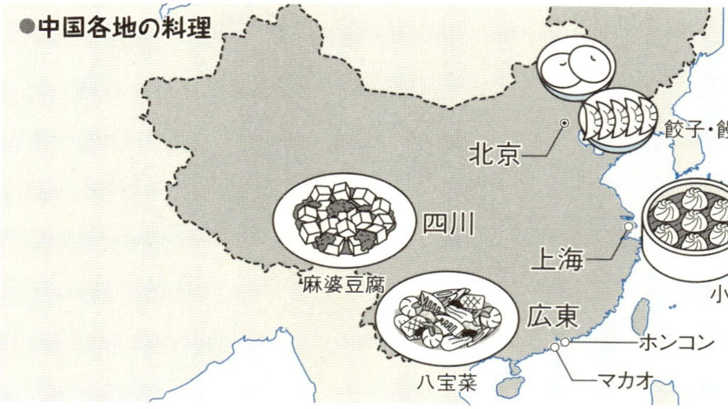

●中国各地の料理

頭や麺類がよく食べられます。

中国が、世界でいちばん人口の多い国だということはよく知られていますね。中国の人口はおよそ13億人（2007年）、**世界の５人に１人が中国人**です。その人口の90％が漢民族であるため、中国の公用語は中国語（漢語）とされていますが、ポルトガル語や英語も公用語とされている地域があります。

マカオは、1887年から1999年までポルトガルの領土だったので、中国語とポルトガル語が公用語になっています。マカオには、中国の伝統的な寺院とヨーロッパの町並みを思わせる建物や広場が混在する独特な空間が今も残り、マカオ歴史地区として世界遺産に登録されています。ホンコン(香港)も1997年までイギリスの領土だったために、英語と中国語が公用語になっています。ホンコンの「百万ドルの夜景」をのぞむ山「ビクトリア・ピーク」は、人気の観光スポットです。

中国の13億人の人口のうち、４割が都市に、６割が農村で暮らしているといわれていますが、とくに上海など沿岸部の大都市に人口が集中しています。

また、増え続ける人口をおさえるため、中国政府は1979年から「１組の夫婦に１人の子ども」を約束した夫婦を優遇する一人っ子政策をすすめてきました。その成果は徐々に上がり、人口増加率は減少しています。この先、中国の人口が15億人を超えることはなさそうです。

33 「湿度80%」が育む自然の恵み？

——アジアの国々②——

人気のビーチ・リゾートがある東南アジアは、インドシナ半島にあるベトナム・ラオス・カンボジア・タイ・ミャンマー、マレー半島にあるマレーシア・シンガポール、赤道をはさんで広がる島々のフィリピン・インドネシア・ブルネイ、2002年に独立したばかりの東ティモールの11か国からなります。

東南アジアとはどのような地域でしょう？ 思いつきそうなこととしては、うっそうとしたジャングルやトロピカル・フルーツの産地といったところでしょうか？

確かに、どの国も赤道をはさんで南緯10度から北緯20度にあるので、**一年中暑くて雨が多い熱帯の気候です。**とくに赤道に近いシンガポールの年間湿度の平均は80%にもなり、とても蒸し暑いです。また、**マレーシアやインドネシアなどにはジャングルが広がり、オランウータンなど貴重な動物が生息しています。さらに、めずらしい植物もたくさん生えています。**そして、なんと日本に輸入されるバナナの約90%、パイナップルにいたってはほぼ100%が、フィリピンから入ってきています。

そのほかにも、タイのプーケット島、カンボジアのアンコール・ワット遺跡、インドネシアのワヤン・クリ（影絵芝居）など、魅力的なビーチ・リゾートや遺跡、伝統芸能があり、多くの観光客が東南アジアの国々を訪れています。

東南アジアは、肉や魚の保存に欠かせないコショウ、クローブ、カルダモン、ナツメグなどの香辛料の産地でもあります。

これらの香辛料を求めて、16世紀ごろからヨーロッパの国々がこの地域に進出し始め、19世紀の末までには、タイをのぞくすべての国がイギリスやオランダフランスなどに支配されるようになりました。そのころにつくられたヨーロッパ風の建物や町並みは、今も各地に残っています。

ヨーロッパの国々は、それぞれの植民地に大規模な農園（プランテーション）をつくり、現地の人々を安い賃金で雇って、天然ゴムやコーヒー豆、タバコ、サトウキビなど、ヨーロッパに売るための作物（商品作物）をつくらせました。

さらに、すずや石油、石炭、鉄鉱石などの資源も開発されました。これらの**農作物や資源は、現在でも各国の重要な輸出品となっています。**

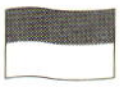

インドネシア

インドネシアは、首都ジャカルタのあるジャワ島やリゾート地として人気のあるバリ島をはじめとして、1万7000以上もの島からなります。まさにインドネシア（＝「東インドの島々」という意味）という名前どおりの国です。

インドネシアは、アルプス・ヒマラヤ造山帯の東はしで、日本と同じように**火山の噴火や地震が多い国**です。2004、06年におきた大地震と津波により、大きな被害がもたらされたことは記憶に新しいのではないでしょうか。

一年中暑く雨の多いこの地域は、**イネの生長に適していて**、一年のあいだに2回から3回、米を収穫することができます。米の生産量は、中国、インドに次いで世界第3位（2007年）。ジャワ島の平野部には水田が広がり、バリ島では山の斜面に階段状の棚田（ライステラス）がつくられています。

主食はもちろん米で、ご飯を炒めたナシゴレンやおかゆ、ちまきなどいろいろな形で食べられます。各地の市場には果物や野菜、魚なども豊富にならんでいますが、豚肉を見かけることはほとんどありません。**国民の90％がイスラム教徒**で、イスラム教で不浄の動物とされる豚を食べることはないからです。

いっぽう、**ヒンドゥー教徒の多いバリ島**では豚肉が食べられています。豚の丸焼きバビ・グリンはバリの名物料理のひとつです。ただし、ヒンドゥー教は牛を神聖な動物としているので、バリの市場で牛肉を見かけることはありません。

バリ島には数千のヒンドゥー教寺院があり、「神々の島」ともよばれています。伝統芸能のケチャやレゴン、バリ絵画など、独特の雰囲気が魅力となって、多くの観光客を惹きつけています。

一年中暑いこの地域では、**家屋にも工夫がされています。**スマトラ島のバタック族、スラウェシ島のトラジャ族、ニアス島のニアス族などの伝統的な家屋は、いずれも床が高く屋根が反っていますが、建築材料や装飾などが少しずつちがっています。

インドネシアでは、男女ともサロンというロングスカートのような腰布を着用します。**この国の暑い気候にぴったりの服装です。**サロンは、ろうを使った伝統的な染色法で美しい文様が描かれたバティック（ジャワ更紗）でつくられます。

●インドネシアの伝統的な家屋

34 紅茶の「セイロン」ってどこ？

――アジアの国々③――

ヒマラヤ山脈から南の地域を南アジアといいます。**インダス川流域では古代文明が栄え、またインドでは仏教が生まれるなど、古くから産業や文化が発展していました。**

インド・スリランカ・ネパール・パキスタン・バングラデシュ・ブータン・モルディブが南アジアに含まれる国々です。三角形の形をしたインド以外の国はあまりなじみがなく、どの国がどこにあるのかわからないかもしれませんね。

「南」とつくからには、暑い地域ばかりの気がしますが、**じつは寒い地域もあります。ヒマラヤ山脈の斜面に広がるネパールやブータンは、標高が高いため気温が低く、万年雪が残るところもあります。**

ヒマラヤ山脈は、この地域の気候に大きな影響を与えています。例えば、ベンガル湾

から吹きつける季節風は、ヒマラヤ山脈にぶつかって、ふもとの地域に大雨を降らせます。インド北東部のチェラプンジでは１年間に10000mm以上の雨が降ります。雨季の７月の降水量は、１か月間でおよそ3000mm。東京で観測される降水量の２年分に当たります。想像もつかない降り方ですね。

この地域に降った雨は、となりのバングラデシュに流れ込む川を通ってベンガル湾に注ぎます。バングラデシュには、200本以上の川があり、その４分の１が国外から流れこんでくる川です。国土の50%以上が海抜の低い土地なので、雨季には各地で洪水がおこり、国土の約40%が水没してしまいます。

インドの南東のセイロン島には、現地の言葉で「光り輝く島」という意味の国名をもつスリランカがあります。その名の通り、キャッツアイやサファイヤ、ルビーなどがとれる、世界有数の宝石の産地です。

スリランカには聞き覚えがなくても、セイロンといえば紅茶が思い浮かぶのではないでしょうか。島の名でもあるセイロンは、スリランカの昔の国名です。紅茶の葉の栽培には、年間1500～2000mmの雨と強い日差しが必要なので、スリランカのほか、インドやケニアなど熱帯の国々がおもな茶の産地となっています。**スリランカは、ケニアに次ぐ紅茶の輸出国です（2007年）。**

ちなみに、スリランカの首都はスリ・ジャヤワルダナプラ・コッテ。行き先を伝えるのも大変そうです。

インド

インドといえば、日本人も大好きなカレーの生まれた国ですね。でも、インド料理の「カレー」は、日本の「カレーライス」とはずいぶんちがいます。

インドの家庭では、数種類のスパイスを混ぜ合わせたマサラという調味料を使って料理の味付けをします。スパイスの組み合わせしだいでいろいろな味になるので、日本人が親しむ「カレーパウダーの味」ばかりではありません。

料理の材料は野菜中心で、とくにいろいろな種類の豆が料理に使われます。**じつは、インド人の多くがベジタリアン（菜食主義者）です。**インドで信仰されているヒンドゥー教では牛を、ジャイナ教では肉や魚を食べることが禁じられているからです。そのため、インドの人々はたんぱく源として豆やヨーグルトを多く食べるのです。また、紅茶を牛乳で煮出したチャイという飲み物も好まれます。

主食は南部と北部でちがいがあります。米の生産がさかんな南部では炊いた米、小麦の生産がさかんな北部では小麦粉をねって焼いたチャパティやナンです。

インドは、中国に次いで世界で２番目に人口が多い国です。国の公用語はヒンディー語ですが、州ごとの公用語も多く、方言も含めると200以上の言語があり、ほかの州の言葉はなかなか通じません。1947年までイギリスに支配されていたことから、ヒンディー語よりむしろ英語の方が通じやすいようです。

インドでは、国民の80％が信仰するヒンドゥー教をはじめ、イスラム教やキリスト教、シク教、仏教、ジャイナ教など多くの宗教が信仰されています。

仏教は、インドで生まれた宗教です。2500年ほど前にシャカが始めた仏教は、一時は国教となって全土に広まりましたが、しだいにすたれ、現在のインド国内の信者は人口の１％足らずです。

イスラム教徒も人口の13％をしめるにすぎませんが、総人口が約12億人なので、日本の人口より多い約１億6000万人の信者がいることになります。「世界一美しいお墓」といわれるタージ・マハルは、16〜19世紀に栄えたイスラム教の国、ムガル帝国の王が妃の死を嘆いてつくった大理石の建物です。

カースト制度ってなに？

インドの古代社会では、ヴァルナとよばれる身分制度があり、人々は4つの階級（司祭、王侯貴族、庶民、奴隷）に分けられていました。その階級制度と、ジャーティとよばれる集団（生まれによって職業が決められ、ちがうジャーティの人とは結婚できない）が結びつき、カーストという身分制度ができました。

カーストによる差別は、1950年に制定された憲法で禁止されましたが、今なお根強く残っています。

35 なぜシベリアは「世界の監獄」？

——アジアの国々④——

中央アジア

ユーラシア大陸中央部の５つの国、カザフスタン・ウズベキスタン・タジキスタン・トルクメニスタン・キルギスは、以前はソビエト連邦の一部でした。そのため、アジアの国といわれてもあまりピンとこないかもしれません。

５つの国の名前を見てなにか気づきませんか。国名に「スタン」とつく国が、４か国もあります。「スタン」は土地という意味です。したがって、例えばウズベキスタンは「ウズベク人の土地」という意味になります。

ウズベキスタンの都市サマルカンドは、かつてシルクロードのオアシス都市として栄えた美しい町で、当時の遺跡は世界遺産に登録されています。

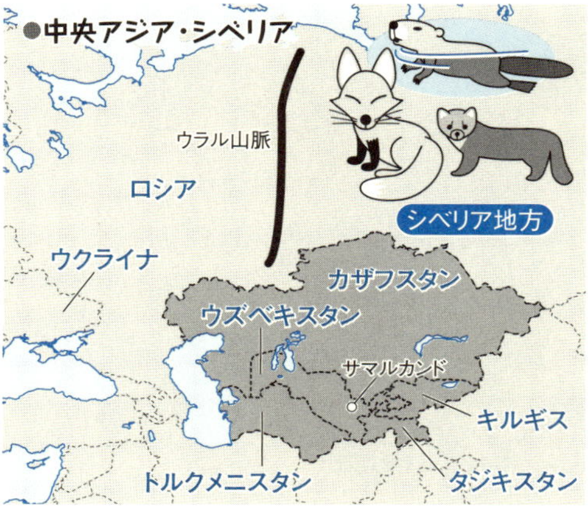

●中央アジア・シベリア

ウズベキスタンでは、米もパンも食べられます。代表的な米料理は、油で炒めたニンジンやタマネギ、羊肉、各種スパイスと一緒に炊き上げたプロフです。また、家庭の食卓には丸い固めのパン、ナン（ノン）が必ず出されます。また、紅茶（コラ・チョイ）や緑茶（コク・チョイ）を飲む習慣があり、チャイハナという喫茶店で楽しむこともできます。

シベリア

シベリアは、ロシアのウラル山脈から東の地域です。「世界の監獄」ともいわれるほど、寒さがきびしく、木も生えない凍った大地が広がる地域なので、シベリアが流刑地とされたのは無理もないかもしれません。

ロシア人がシベリアに進出した最初の目的は、タイガ（針葉樹林）に生息する黒テン（セーブル）やビーバー、キツネなどの毛皮をとることでした。シベリア産のロシアンセーブルは、毛皮の中でも、最高級の品質を誇っています。

20世紀にシベリアで石油や天然ガスが発見されると、開発が本格的になりました。鉄道や道路が整備され、産出された石油や天然ガスは、パイプラインでウクライナなど周辺諸国にも供給されています。シベリアに近い日本も、ロシアと共同で石油や天然ガスの開発事業を行っています。こうした現場で働くのは、ロシア各地から集まってきた人々ですが、寒さがきびしく過酷な地域なので、ほかの地域より給料が高く、住宅などいろいろな面で優遇措置を受けられるそうです。

36 砂漠で大金持ちになるには？

——アジアの国々⑤——

サウジアラビアやイランなど、アラビア半島とペルシャ湾沿岸付近の地域を西アジアといいます。西アジアは、中近東とよばれることもあります。日本のすぐ近くでもなく、また日本からみて西にあるこの地域を、なぜそうよぶのでしょうか？

中近東とは、ヨーロッパからみたこの地域の位置のことです。西アジアは、ヨーロッパからみると東にあり、陸路で行けるすぐとなりの地域です。そこで、地中海に面したトルコなどを近東、そのさらに東の地域を中東とよぶのです。なお、ユーラシア大陸の東のはしにある韓国や日本は、極東とよばれています。

西アジアは、アフリカ大陸とも陸続きで、アジア、ヨーロッパ、アフリカの3つの州を結び付ける重要な地域です。砂漠や乾燥した高原が多く、人が暮らすにはきびしい環境ですが、地中海やペルシャ湾沿岸、砂漠の中のオ

アシスには都市が発達し、3つの州を行きかう商人たちでにぎわいました。

西アジアの中でもとくに**ペルシャ湾の沿岸には、石油が豊富に埋蔵されています。**サウジアラビアは、石油の埋蔵量、生産量、輸出量のいずれも世界一です（2005年）。日本は国内で消費する石油のおよそ90%を、サウジアラビアやアラブ首長国連邦、イランなど西アジアの国々から輸入しています。

産油国は、石油を輸出して得たばくだいな収入で国の近代化、工業化に努めています。海水の塩分をとりのぞいて真水にする工場（淡水化プラント）も建設され、雨の少ないこの地域でも飲み水や農業用水が確保できるようになりました。

イスラム教のきまりって？

イスラム教は、6世紀ごろ、サウジアラビアの商人ムハンマドがおこした宗教です。聖典クルアーン（コーラン）には、アッラーを唯一の神とすること、1日に5回礼拝を行うこと、寄付や施しをすること、9月に断食（ラマダン）を行うこと、一生に一度は聖地メッカを巡礼することなど、イスラム教徒が守らなければならないきまり（戒律）が示されています。

断食といっても、丸1日なにも口にしないわけではありません。断食するのは日の出から日没までのあいだで、太陽が沈めば食事をしてよいのです。そのほか、飲酒や豚肉を食べること、女性が人前で顔を出すことなどが禁じられています。

アラブ首長国連邦

沖合いに浮かぶヤシの形をした人工島パームアイランド。そこに立ちならぶ高級ホテルやコンドミニアム、ショッピングセンター――豪華なリゾート・アイランドの建設で注目をあびているのが、ペルシャ湾西岸にあるドバイ首長国です。

ドバイは、アラブ首長国連邦を構成する７つの首長国のひとつです。**昔は真珠とりをおもな産業とする漁村でしたが、1966年に海上油田が発見され、石油によるばくだいな収入が得られるようになりました。**

しかし、ほかの国ほど石油の埋蔵量が多くないため、将来に備えていろいろな産業の発展に努めていて、観光産業にも力を入れています。砂漠の国とは思えない緑の芝が美しいゴルフコース、広さ５万m^2の巨大なウォーターパークがあり、また、毎年３月には世界最高の賞金額を誇る競馬のドバイ・ワールド・カップが開かれ、世界中から観客がおし寄せます。

都市部のビルの中はもちろん冷房完備で上着が必要なくらいですが、ドバイの７月の平均気温は42.3℃。年間を通して湿度が80％と蒸し暑いので、日中外を出歩くにはつらい季節です。そこで、気温が25℃前後まで下がる12月から翌年の３月が観光シーズンとなります。そのころ寒さがきびしくなるヨーロッパの人々にとっては、絶好のリゾート地です。

 サウジアラビア

ドバイのように、異教徒に寛容で、積極的に観光客を受け入れている国もあれば、サウジアラビアのように、最近まで観光目的の外国人の入国を認めていなかった国もあります。

サウジアラビアは、**イスラム教国の中でもとくにきびしく戒律を守る国です。**飲酒は絶対に許されませんし、女性は外出時に必ずアバヤ（女性の民族衣装）を着て全身を覆い隠さなくてはなりません。

サウジアラビアは、アラビア半島の約85%をしめる西アジア最大の国ですが、国土の大部分は不毛な砂漠地帯です。農業はオアシス地帯など限られた場所でしか行われていませんが、かんがい設備の改善などの結果、1975年からの20年間で耕地は2倍に広がり、小麦やナツメヤシなどは自給できるようになりました。

日本がサウジアラビアから輸入する原油と石油関連の製品などの総額は、4兆円を超えています。サウジアラビアの石油がどれだけ日本にとって重要かがわかりますね。

37 「人類の祖先」はアフリカ出身？

――アフリカの国々――

アフリカは、砂漠や熱帯林が広がる暑い地域――もちろんまちがいではありません。アフリカ大陸の地図を見ると、**大陸の中央部を赤道が横切っていて、その付近の国々は熱帯林でおおわれています**。また、**アフリカの北部や南部は雨が少なく、北部には世界最大のサハラ砂漠が、南部にはナミブ砂漠やカラハリ砂漠が広がっています**。

しかし、北のはしの地中海沿岸や、南のはしの大西洋沿岸の地域は、雨が夏に少なく冬に多い温暖な気候です。また、標高が高いウガンダやザンビア、ジンバブエなども温暖ですごしやすい気候です。さらに標高が高いキリマンジャロ山やケニア山では、万年雪も見られます。

変わった地形といえば、アフリカ東部には、巨大な大地の裂け目（大地溝帯）が何千kmにも

●大地溝帯

わたって南北に続いています。アフリカ大陸は、大地の運動が活発なこの場所で少しずつ引き裂かれているのです。このままだと、**アフリカ大陸は数十万年～数百万年後には2つに割れると考えられています。**

アフリカは、長いあいだヨーロッパの国々に支配されていたため、文明が遅れた地域と思われがちです。しかし、各地で発見された遺跡からは、かつてヨーロッパやイスラムの国々との交易で栄えた王朝や帝国が存在したことがわかってきました。また、エチオピアやチャドで、数百万年前の人類の祖先である猿人の化石が発見され、人類が最初に誕生したのはアフリカではないかと考えられています。

日本では、アフリカ料理をあまり見かけません。アフリカの人々はどんなものを食べているのでしょうか？

アフリカの北部では、パスタの一種であるクスクスに、肉料理やシチューをかけたものがよく食べられます。サハラ砂漠から南の地域の人々の主食は、トウモロコシの粉を水や熱湯でねったものです。ひと口ずつ手でちぎって、シチューにつけて食べます。トウモロコシの代わりにヒエなどの雑穀を使うところもあります。また、バナナやキャッサバをつぶしてダンゴ状にしたものを食べるところもあります。

おかずは肉や野菜を煮込んだシチューが多く、その材料は地域によってちがいます。イスラム教の国では豚肉を使いませんし、海や川に近い地域では肉の代わりに魚を入れます。肉も魚もない森林地帯ではカブトムシの幼虫を煮込んだりもします。

いっぽう、伝統的な遊牧の生活をしている人々の食事はまったくちがいます。彼らは、家畜の牛や羊の肉・乳・血（ビタミンをとるために飲む）だけで生活し、野菜や果物はあまり食べません。

 ケニア

「ジャンボ」というあいさつを聞いたことはありませんか？ケニアの公用語、スワヒリ語で「こんにちは」という意味です。もうひとつ、わたしたちがよく知っているスワヒリ語があります。それは「サファリ」です。日本では、ライオンなどの野生動物を放し飼いにしている動物公園を「サファリパーク」といいますが、スワヒリ語でサファリとは「旅」という意味です。

スワヒリ語は、ケニアやタンザニア、ウガンダなど東アフリカの国々で使われている言語です。ケニアの人々は、自分たちの民族の言語のほか、東アフリカの共通語であるスワヒリ語やケニアを支配していたイギリスの言語である英語などを使い分けています。

ケニアで最も人口が多い民族はキクユ族です。ほかにルヒヤ

族、ルオ族など全部で40以上の民族がいます。**マサイ族も、ケニアの民族のひとつです。**

マサイの人々は、ケニアとタンザニアにまたがるサバンナ（草原）で、牛や羊などの家畜を放牧しながら生活しています。家畜を襲うライオンなどの猛獣に、やり１本で立ち向かう勇敢な人々です。しかし、昔からのマサイの土地に、タンザニアとの国境線が引かれたり、自然保護区がつくられたりして、昔のように自由に移動できなくなりました。最近では、定住して農業を行ったり、都市に働きに出たりする人も増えているそうです。

●マサイ族の服装

マサイの女性が身に着ける色鮮やかな綿の布を、カンガといいます。バスタオルほどの大きさで、着こなしはいろいろ。ワンピースのように着たり、巻きスカートのように着たりします。男性が身に着けているのはマサイクロス（マサイシュカ）。赤地にチェックやストライプの模様が入っています。

ケニアには、ビッグ５（ライオン、ゾウ、サイ、バッファロー、ヒョウ）をはじめ、数多くの野生動物が生息していて、その生息地は国立公園や国立保護区、動物保護区に指定されています。これらの公園で行われているサファリツアーは観光客に大人気です。車に乗ってまわるドライブ・サファリだけでなく、気球に乗って空から楽しむバルーン・サファリもあります。

38

「ロンドン→パリ」は列車で直行!?

——ヨーロッパの国々——

日本から遠く離れたユーラシア大陸の西のはしにあるにもかかわらず、わたしたちはヨーロッパの国々のことをよく知っています。ロンドン、パリ、ローマ——町の名前を聞いただけで、さまざまなイメージが思い浮ぶのではないでしょうか？

ヨーロッパは、昔から文明が発達し、世界の産業や経済、文化をリードしてきた地域です。その影響力は世界各地に及び、日本も例外ではありません。また、日本とはまったくちがうキリスト教文化が、わたしたちには魅力的に映るのでしょう。

ヨーロッパは、東ヨーロッパと西ヨーロッパに分けられます。

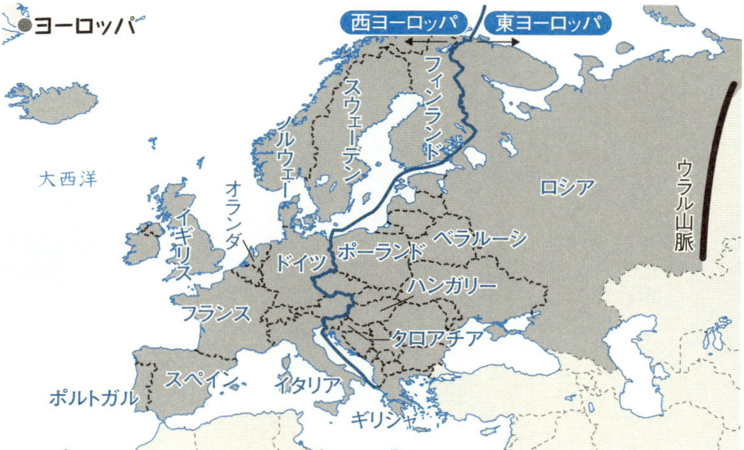

東ヨーロッパと西ヨーロッパは、単に地理的に東側の地域と西側の地域に分けたよび名ではありません。**かつて社会主義国であった国々を東ヨーロッパ、それ以外の国々を西ヨーロッパとよんでいるのです。**

ただし、ヨーロッパが資本主義・社会主義に分かれ対立していた冷戦の時代も終わり、現在は東西を隔てていた壁を取り払った「ひとつのヨーロッパ」への統合が進められています。

日本は資本主義の国なので、イギリスやドイツなど西ヨーロッパの国々との交流はさかんでしたが、ポーランドやハンガリーなど東ヨーロッパの国々との本格的な交流は始まったばかりなので、それぞれの国の印象は薄いでしょう。「ヨーロッパに行きたいわ」というとき、クロアチアやベラルーシといった東ヨーロッパの国々を思い浮かべていることはあまりないかもしれませんね。

キリスト教ってどんな宗教？

キリスト教は、民族や国を問わず、世界的に広く信仰されている世界宗教で、イスラム教、仏教とともに世界三大宗教の1つです。ヨーロッパを中心に、世界中におよそ22億人の信者がいます。1世紀ごろにユダヤ教をもとにパレスチナでおこったイエスを救世主と信じる宗教で、聖典は聖書です。カトリックとプロテスタント、東方正教の3つの大きな宗派があります。

イギリス

「グレートブリテン及び北アイルランド連合王国」――聞きなれない国名ですが、じつはこれがイギリスの正式名称なのです。**イギリスは、イングランド・ウェールズ・スコットランド・北アイルランドからなる連合国なのです。**日本で習うEnglandは、イングランド地方のことなので、イギリスでは、Britain（ブリテン）あるいはU.K.（Unaited Kingdam）と略されることが多いようです。

イギリスは、グレートブリテン島とアイルランド島の２つの大きな島と、マン島など周囲の島々からなります。グレートブリテン島からユーラシア大陸へわたるには、イギリス海峡をフェリーでわたるしかなかったのですが、1994年に最も距離の短い部分（ドーバー海峡）の海底に全長50.5kmのユーロトンネルができました。この海峡トンネルを通る国際高速列車ユーロスターは、ロンドンとフランスのパリを３時間で結びます。

イギリスからフランスへわたるのですから、当然ユーロスターの車内でパスポートをチェックされると思うでしょう。

でも、その必要はありません。イギリスとフランスは、ヨーロッパ各国どうしの規制の緩和や交流をめざしたＥＵ（ヨーロッパ連合）の仲間だからです。

ＥＵ加盟国の国民は、一部の国をのぞいて国境での出入国審査（パスポート・チェック）を受けることなく、ＥＵ域内を自由に行き来できるようになりました。また、医師などの資格もＥＵ共通となり、加盟国すべての国で有効です。労働者も加盟国のどの国でも働くことができるようになりました。ただし、ＥＵ共通の通貨・ユーロ（€）は、イギリスやデンマークのように導入していない加盟国もあります。

イギリスは、かつて「世界の工場」とよばれるほどの工業国でしたが、第二次世界大戦後、日本やアメリカにおされ、現在はその座を急速な工業化が進む中国に明けわたしています。

しかし、1960年にグレートブリテン島東部の北海で海底油田が発見され、イギリスは石油や天然ガスを自給できるようになり、さらにはＥＵ諸国へ輸出できるようになりました。

また、北海はタラ・ニシン・カレイの一大漁場でもあります。北海でとれたタラやカレイなどの白身魚と、細長く切ったジャガイモを揚げたフィッシュ・アンド・チップスは、イギリスを代表する庶民の味です。

●イギリスの4つの地方

イタリア

ヨーロッパの南部は夏の日差しがとても強く、そのまぶしい太陽、澄んだ空と青く輝く海は人々を惹きつけます。地中海沿岸のフランスのコート・ダ・ジュール（紺碧海岸）や、スペインのコスタ・デル・ソル（太陽海岸）などのリゾート地は、バカンスのシーズンになると、観光客でにぎわいます。

その温暖な地中海に突き出たブーツの形をした国イタリアは、**リゾート地に加え古代遺跡や中世の面影を残す町並みがあり、観光地としてとても人気のある国です。**

イタリアは、アルプス・ヒマラヤ造山帯に属していて地震や火山が多く、古代ローマの時代にはポンペイという町が、ベスビオ山の大噴火によって火山灰に埋もれてしまったほどです。そのポンペイの遺跡も、人気の観光スポットのひとつです。

三方を海に囲まれているイタリアは、料理に魚介類をふんだんに使います。ヨーロッパの国々には、タコやイカを食べたり、生で魚を食べたりする習慣はあまりありませんが、イタリアの、とくに南部の人々は、新鮮なムール貝やアサリ、小さいタコやイカにレモンやオリーブオイルをかけたり、ビネガー（酢）でしめたりして食べます。

また、イタリア北部の平野では、アルプス山脈から流れる豊富な水を使って、ヨーロッパの国には珍しい稲作が行われています。米を具とともにブイヨンで煮込んだリゾットは、日本人の口にもよく合いますね。

オリーブとワイン、そしてチーズも、イタリアの食卓には欠かせません。

地中海に面した地域は、夏に気温が高くなって乾燥し、冬に暖かく雨が多い地中海性の気候です。そのため、夏の乾燥に強いオリーブや、ワインの原料であるブドウ、コルクガシ、オレンジを栽培し、温暖で雨が多い冬に小麦を栽培しています。イタリアは、オリーブやブドウ、ワイン、オレンジ、レモンやライムの世界有数の生産国です。

また、日本でもすっかりおなじみとなったパルミジャーノ・レッジャーノ、マスカルポーネ、モッツァレラなど、独特の風味をもつ100種類以上のチーズが、おもにイタリア北部の酪農がさかんな地域でつくられています。

●イタリアのチーズの主産地

フィンランド

夜空を彩る自然の神秘、オーロラ。一生に一度は見てみたいものですが、どこへ行けば見られるのでしょうか？

地球上でよくオーロラが見られるのは、北緯66度33分より北の、北極圏とよばれる地域や南極大陸です。

フィンランドは、国土の４分の１ほどが北極圏に含まれる、オーロラが見られる国のひとつです。

オーロラが発生するような北の地域にあるフィンランドは、寒さのきびしい国です。北部に暮らす先住民族サーミ人は、このきびしい環境を生き抜くため、独自の文化を生み出しました。

サーミ人の生活を支えてきた動物——それが、サンタクロースのそりを引っ張るシカの仲間トナカイです。サーミ人は、寒い地域に生息するトナカイを放牧し、肉を主食とし、骨や角で食器を、毛皮や筋肉で温かい衣服をつくって暮らしてきました。

オーロラの下で、人は自然の試練とめぐみの両方を受けながら、生活しているのですね。

●北極圏とサーミ人

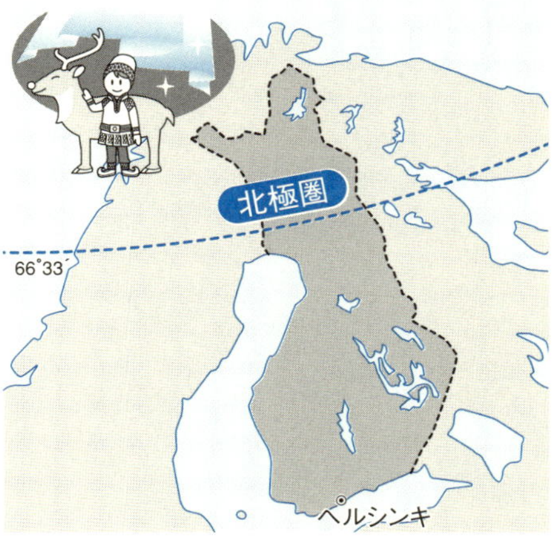

ロシア

●シベリア鉄道の路線

ロシアは、世界の面積の８分の１をしめる世界最大の国です。**あまりにも国土が広いので、ロシアはアジアとヨーロッパという２つの州に含まれます。**

この広大な国土を横断するのが、世界最長のシベリア鉄道です。日本海沿岸の都市ウラジオストクを出発した列車は、１週間かけて首都モスクワまで走ります。また、国内に10時間もの時差を設け、時刻を調整しているのです。

その圧倒的な面積のわりに、人口はさほど多くありません。ロシアの45分の１の国土しかもたない日本より、1500万人ほど多いくらいです。なぜでしょう？

寒冷な気候、凍りつく大地、けわしい森林……国土の大半をしめるシベリアの自然環境は、人が暮らすにはきびしいからです。

また、現在では資源大国となっているロシアですが、資源が発見される前は領土としての魅力に欠け、大きな争いがおきたりほかの民族の侵入を受ける原因が少なかったともいえます。

だからこそ、広大な国土を維持できているのかもしれません。

39 アメリカは「インド」だった？

——北中アメリカの国々——

「新大陸発見！」——15世紀に活躍したコロンブスを思い出すのではないでしょうか。ところが、コロンブス自身は到達したカリブ海にうかぶ島を、インドの一部と思っていました。そのため、**インドから遠く離れているにもかかわらず、この地は西インド諸島と名付けられました。**また、先住民をインディオ（インドの人）とよぶようになりました。

そのしばらく後に渡航したアメリゴ＝ベスプッチが、この地がインドではないことを確認したので、以来「新大陸」は彼の名前にちなんでアメリカ大陸とよばれるようになりました。

その後、アメリカ大陸にはヨーロッパ人がこぞって進出しました。しかし、**それまでアメリカ大陸が無人の大陸だったわけではありません。**北アメリカ大陸とユーラシア大陸が陸続きであった２万年以上も前に、ユーラシア大陸から人々が移り住み、大陸の各地で文明がおこっていました。また、1000年ほど前には、すでに北ヨーロッパのバイキングが大陸の東海岸に来航していたようです。

アメリカ合衆国

活気あふれる大都市ニューヨーク、華やかなショーの町ラスベガス。数々のアトラクションが楽しめるテーマパークはもちろん、アメリカ合衆国とカナダの国境にもなっているナイアガラの滝や、川の流れが高原の地形を削りとってつくりあげたグランドキャニオンなど、日本ではけっして見られない壮大な景観です。**アメリカは、世界の最先端をいく産業・文化と、雄大な自然の両方を味わえる国です。**

アメリカの国土は、ロシア、カナダに次いで世界で３番目に広く、アラスカ州の寒帯からフロリダ半島南端の熱帯まで、変化に富んだ気候がみられます。

東部にはなだらかなアパラチア山脈、西部にはけわしいロッキー山脈があり、そのあいだには農業に適した平原が広がっています。アメリカの農業は、大型の農業機械を使って、少ない人数で広い農地を経営するので、収穫のようすは日本の畑とは

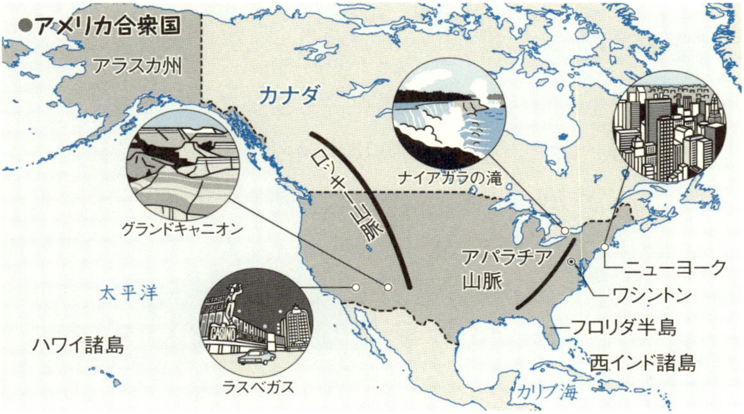

まるでちがいます。

アメリカは、小麦やトウモロコシ、大豆などの世界有数の生産国で、世界各地に食料を輸出しています。日本も小麦や大豆など、たくさんの食料をアメリカから輸入しています。

そして、アメリカから日本に持ちこまれたハンバーガーにジーンズ、野球にハリウッド映画――アメリカの文化はもうすっかり日本にとけこんでいます。

日本とアメリカの交流がはじまったのは江戸時代末期で、中国や朝鮮との交流の歴史ほど長くありません。しかし第二次世界大戦後、両国の結びつきは深くなり、日本はアメリカから経済的にも文化的にも大きな影響を受けるようになりました。

中央アメリカの国々

かつて文明が栄えた北アメリカ大陸の南部、メキシコからパナマまでの地域と、南北アメリカ大陸のあいだのカリブ海に連なる西インド諸島を、中央アメリカとよぶことがあります。

パナマは、北アメリカ大陸と南アメリカ大陸をつないでいる細い陸地部分（地峡）にある国です。パナマ地峡に建設されたパナマ運河は、太平洋とカリブ海を結ぶ重要な航路で、世界各国の船が毎日たくさん通過しています。パナマ運河の通行料は、船が重ければ重いほど高くなるので、ある豪華客船は通行料を30万ドル（約3000万円）以上も支払ったそうです。いっぽう、今まででもっとも安い通行料は、パナマ運河を泳いで通った男性の体重分、36セント（約36円）だそうです。

西インド諸島の国々は、サトウキビやバナナ、コーヒーなどを栽培し、輸出していましたが、最近はカリブ海の美しい自然を生かした観光産業にも力を入れています。この地域では稲作が行われていて、人々は米を食べます。赤インゲン豆や黒インゲン豆を入れて炊いた豆ごはんや、肉や野菜と一緒に炒めて炊いたスペインのパエリアのような料理があります。

西インド諸島の島国ジャマイカは、コーヒーの最高級品種ブルーマウンテンの産地です。といっても、ジャマイカ産のコーヒー豆がすべてブルーマウンテンとよばれるわけではありません。ブルーマウンテンとよぶことができるのは、ブルーマウンテン山脈の標高800ｍ以上の高地にある「ブルーマウンテンエリア」で栽培された豆だけなのです。この辺りが「最高級」の秘密です。

40

「日系人100万人」が暮らす町!?

——南アメリカの国々——

日本のどこかの地面に穴を掘り、地球の中心を通ってまっすぐ掘り続けると、どこにたどり着くと思いますか。

答えは、大西洋。南アメリカ大陸の南東部、ウルグアイ沖になります。つまり、**南アメリカは日本からみるとちょうど地球の裏側に当たり、日本から最も遠い地域ということになります。**東京（成田空港）からブラジルのサンパウロまでは、飛行機で約23時間。丸１日機内で過ごさなくてはなりません。

こんなに遠く離れた地域ですが、南アメリカには日本人の血を引く日系人がたくさん住んでいます。明治時代以降、たくさんの日本人がブラジルやアルゼンチン、ペルーなどの国々に移住したからです。現在、南アメリカには移民の子孫である日系人が150万人以上住んでいるといわれています。

日系人だけではありません。15世紀にコロンブスがアメリカ大陸に到達してから、ヨーロッパの国々が次々に新大陸に進出し、南アメリカの国々はおもにスペインとポルトガルによって支配されました。スペイン人やポルトガル人に加え、農場で働く奴隷として連れてこられたアフリカの人々が各地に住みつきました。また、独立してからもイタリア、ドイツ、ポーランド、中国、インドなどから移民がやってきたため、さまざまな人種・民族が入り混じった国がつくられたのです。

国や地方によってちがいはありますが、混血の住民が多く、先住民のインディオとヨーロッパ系の人との混血をメスチソ、インディオとアフリカ系の人との混血をサンボ、ヨーロッパ系の人とアフリカ系の人との混血をムラートとよびます。

ヨーロッパ系の人たちの社会的地位が高いことが多いものの、何代にもわたって混血を繰り返しているため、肌の色がちがう人々が、互いに差別しあうことはさほど多くないそうです。

南アメリカでは、それぞれの国を支配していたヨーロッパの国の言語が独立後もそのまま公用語として使われています。スペイン語を公用語とする国がほとんどですが、ブラジルではポルトガル語、北部の国スリナムではオランダ語が公用語となっています。

人種にまけないくらい、自然環境も多種多様です。アマゾン川流域の世界最大の熱帯林、アンデス山脈の山々、世界最大のイグアスの滝、ほかにも太平洋岸の砂漠、南東部のパンパ（草原）、大陸南端の氷河など、いろいろな姿を見ることができます。

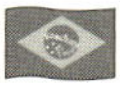

ブラジル

南アメリカ最大の国がブラジルです。日本の約23倍の大きさで、南アメリカ大陸のほぼ東半分をしめています。

ブラジル最大の都市は南部のサンパウロ。最初の日本人移民を乗せた船が、サンパウロの港に着いたのは、100年以上前のことです。それ以後も移民は続けられ、**100年たった現在、サンパウロに住む日系人は、約100万人にもなります。**現在、日本からブラジルへの移民はほとんど行われていませんが、反対に、仕事を求めて日本に行く日系ブラジル人が増えました。ブラジルでも「デカセギ」という言葉が通じるそうです。

サンパウロに次ぐ都市で、文化・観光の中心となっているのは、リオデジャネイロです。毎年２月に開催されるリオのカーニバルがよく知られていますね。

「あれ？ サンパウロも、リオデジャネイロも首都じゃないの？」と思われたかもしれません。かつてはリオデジャネイロが首都でしたが、**現在の首都は、1960年、ブラジル高原の中心部に建設された都市ブラジリアです。**

ブラジリアは、大西洋沿岸部に比べて開発が遅れていた内陸部を発展させる目的でつくられた計画都市なのです。**飛行機の形にデザインされた市街地を含む都市全体が、世界遺産に登録されています。**

チリ

チリは、南アメリカ大陸の南西部にある国です。太平洋に沿った細長い形が特徴ですが、もうひとつ目を引くのは、ギザギザに入り組んだ南部の海岸線です。

このギザギザを、フィヨルドといいます。大昔、アンデス山脈の斜面が氷河に削りとられて生まれた無数の谷に海水が流れこみ、入り組んだ海岸線になったのです。複雑な海岸線の雄大な景観を楽しめるフィヨルド・クルーズは、観光客に大人気です。

チリはまた、西に3800kmも離れた南太平洋に浮かぶイースター島も領有しています。イースター島には、人の顔をした巨大な石像モアイが数百体もあり、どうやって運んだのか、どうやって立てたのかなど、多くの謎が残されています。

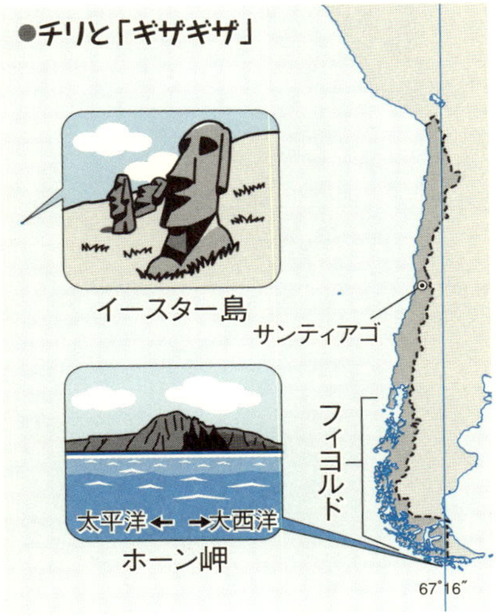

●チリと「ギザギザ」

南アメリカ大陸は、大西洋と太平洋に囲まれていますが、２つの大洋を区分するのは、チリの最南端ホーン岬を通る西経67度16分の経線だそうです。

41 温暖化で「国が沈む」!?

――オセアニアの国々――

オセアニア（大洋州）は、世界最小の大陸オーストラリアとポリネシア（たくさんの島々）、ミクロネシア（小さい島々）、メラネシア（黒い島々）を含む地域をさします。メラネシアの「黒」は、島の住民が黒い肌をしていることに由来しています。

日本からの観光客も多いハワイ諸島（アメリカ領）はポリネシア、グアム島（アメリカ領）はミクロネシア、フィジー諸島はメラネシアの島です。

地図では、オセアニアには経度180度の経線が通り、さらにこの経線に沿って日付変更線が引かれています。日付変更線

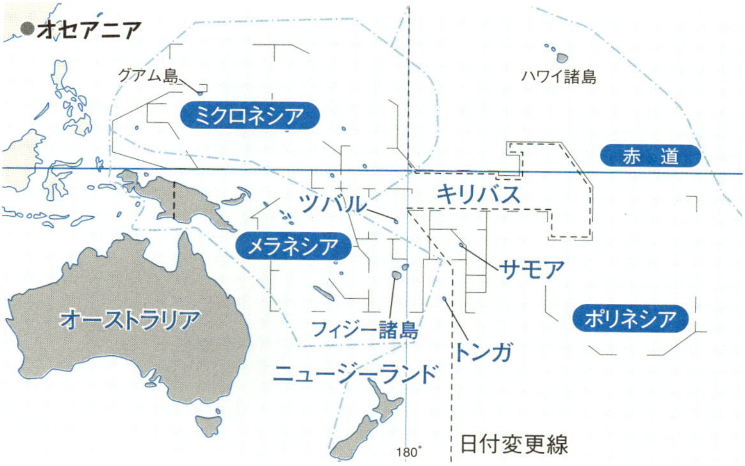

は、　時差を調整するために設けられたもので、線を東から西へ越える場合は日付を１日進ませ、西から東へ越える場合は１日遅らせるようにします。

日付変更線は、ミクロネシアのキリバス付近で180度の経線から大きくずれています。これは、キリバスの島々が180度の経線をまたいで分布しているためで、日付変更線を経線通りに引くと、同じキリバスの国内でも島によって日付がちがうということになってしまうからです。同じ理由で、ポリネシアのトンガ付近やユーラシア大陸と北アメリカ大陸のあいだ（ロシア・アメリカの国境）などで、日付変更線はジグザグに引かれています。

同じオセアニアでも、日付変更線のすぐ西にあるキリバスは、世界で最も早く１日が始まる国、反対に、日付変更線のすぐ東にあるサモアは、世界でいちばん最後に１日が終わる国となるのです。なんだか不思議ですね。

ポリネシアの西に位置するツバルは、９つすべての島を合わせても東京ドーム約６個分の面積しかない小さな国です。じつは、ツバルは「沈没」の危機にさらされた国なのです。

最も高い場所でも海抜５ｍくらいの島なので、最近の地球温暖化の影響で周囲の海面が上昇し、国土が水没してしまうのではないかと心配されています。

環境問題の深刻さが、日本とは比べものにならないですね。

ニュージーランド

ポリネシアの島のひとつであるニュージーランドは、じつは日本にとてもよく似ています。例えば、日本とニュージーランドは赤道をはさんで同じくらいの緯度（40度付近）にあり、面積は日本の方がやや大きいですが、同じように南北に長い島国です。また、どちらも環太平洋造山帯に属していて、国土の4分の3が山地で火山も多く、温泉がわきだしています。

四季もはっきりしていますが、ニュージーランドは南半球にあるので日本と季節が反対になり、一年中西から吹く偏西風が暖流の東オーストラリア海流上空の暖かい空気を運ぶおかげで、日本より温暖な気候となっています。

ニュージーランドに初めてやってきた民族は、マオリです。マオリの人たちは今から1000年以上も前に、ポリネシアの祖先がいたと考えられているハワイキという場所（正確な位置はわかっていません）からワカ・ホウルア（航海用のカヌー）に乗ってやってきたといわれています。

その後、ヨーロッパやアジアからの移民が増え、現在マオリは人口400万人のうちおよそ14%、56万人です（2006年）。

マオリの文化はいろいろな形で大切に継承されています。ラグビーのニュージーランド代表チーム、オールブラックスが試合前に披露するのはマオリの伝統芸能ハカです。ハカはマオリが戦いの前の儀式として行っていた踊りで、手を叩き、足を踏み鳴らして叫ぶ、とても勇壮なものです。

ニュージーランドは、羊の国でもあります。**人口の10倍、4000万頭もの羊が飼育されています（2007年）**。なぜこんなに牧羊がさかんなのでしょう？ それは、ニュージーランドの地形と気候に理由があります。山がちなニュージーランドの国土には、農耕に適した広い平野があまりありません。また、冬の寒さがきびしくないので、一年中牧草を育てることができ、えん麦やトウモロコシといった人工飼料を必要としません。そのため、国土の半分以上をしめる牧草地で、羊や牛の放牧が行われているのです。

やはり日本と同じように、資源に恵まれないニュージーランドでは、羊毛や羊肉、牛肉、バターやチーズなどの乳製品は重要な輸出品です。

ニュージーランドは、キウイフルーツの産地としても有名です。もともとは中国原産のくだもの（ヤンタオ）で、ニュージーランドに持ちこまれたときは「チャイニーズグーズベリー」とよばれていたそうです。しかし生産者たちは、このくだものをニュージーランドの特産物として世界中に広めるのにもっとふさわしい名前はないかと考え、見かけが国鳥キウイに似ていることから「キウイフルーツ」と名づけたのです。

クイズ

ワールド・オシャレ・チェック！？

世界のオシャレ自慢が、それぞれの国・民族の伝統衣装をＰＲ！　３人が着ているのは、それぞれ**フィンランド・ケニア・韓国**のうちどの国の衣装でしょうか？

Ⓐアニョハセヨ《こんにちわ》！　上着とスカートを合わせた**チマ・チョゴリ**よ。普段はあまり着ないけど、今日はオシャレしちゃった☆

Ⓑヒューヴェーパィヴァ《こんにちわ》※！　北の果て、北極圏で暮らすには、**トナカイの毛皮**を使ったこの服が欠かせないんだ。温かそうだろ？

Ⓒジャンボ《こんにちわ》！　このチェックの服、**カンガ**という一枚の布なの。こうやってワンピースみたいに着たり、エプロンにもなるんだ！

答え■Ⓐ韓国　Ⓑフィンランド　Ⓒケニア

※「ヒューヴェーパィヴァ」はフィンランド語です。Ⓑの衣装を着るサーミの人々は、民族の言語「サーミ語」とそれぞれが暮らす北欧の国の言語を話すバイリンガルが多いそうです。

第4章

日本の地域と人々の暮らし

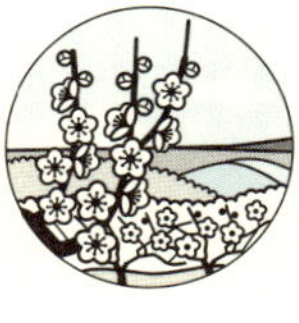

42 日本は「広くてせまい」国？

geography

「日本はちっぽけな島国」と、よくいわれますよね。外国の人は、こんな小さな島国に１億3000万人もの人が住んでいるなんてと驚いているかもしれません。

世界地図の中では小さく見える日本ですが、実際の面積で比べてみると、**世界の200近くある国の中で61番目の大きさ（約38万km^2）**で、日本より小さい国の方がはるかに多いです。

ただし、**日本は国土の大部分が山地**なので、人が住める土地の面積で考えると、「せまい国」といえるでしょう。例えば、イギリスは日本より面積が小さな国（約24万km^2）ですが、国土の大部分が平野とゆるやかな丘陵地なので、人が住める土地の面積は国土の９割に近い約21万km^2にもなります。いっぽう、山がちな日本で人が住める土地の面積は約13万km^2、総面積の３割くらいしかありません。そこに、イギリスの２倍以上の人たちが住んでいるのですから、ちょっときゅうくつに感じてもしかたがありませんね。

あまりうれしいことではありませんが、日本は**世界有数の地震国としても知られています。**日本では、年間1000回ほど体に感じる地震が発生しています。また、世界で発生するマグニチュード6.0以上の地震のうち、およそ20％が日本で発生しているのです。地震がめったにおこらない国に住む人にとって、「大地が揺れる」ことはとても珍しい現象なのでしょう。観光情報センターには、外国人観光客からの「地震を体験したいんだけど……」という問い合わせがよくあるそうです。

また、**日本には世界のおよそ７％にあたる活火山があつまっています。**地震に火山の噴火、こうやってみると、日本はたいへんな災害大国といえるかもしれませんね。

いちばん小さな都道府県は？

日本でいちばん面積の大きい都道府県は北海道。それでは、いちばん面積の小さな都道府県は？ 答えは香川県です。かつては大阪府がいちばん面積の小さな都道府県でした。ところが、香川県と岡山県の境界がはっきりしていなかった瀬戸内海に浮かぶ島の面積の一部を、1988年より香川県の面積から差し引くことになったため、大阪府の面積より小さくなりました。なお、答えは沖縄県と思った人もいるでしょうが、沖縄県の大きさは下から4番目です。

43 「日本の果て」に行ってみよう!?

「北は北海道から、南は沖縄まで……」というフレーズをよく耳にしますね。「日本の北のはしは北海道、南のはしは沖縄」と思ってはいませんか？

北のはしが北海道であることはまちがいありません。でも、日本の南はしは沖縄県ではなく、じつは東京都なのです。「どうして東京都が？!」と思われることでしょう。

日本の南のはしは、台湾よりもさらに南に位置する沖ノ鳥島

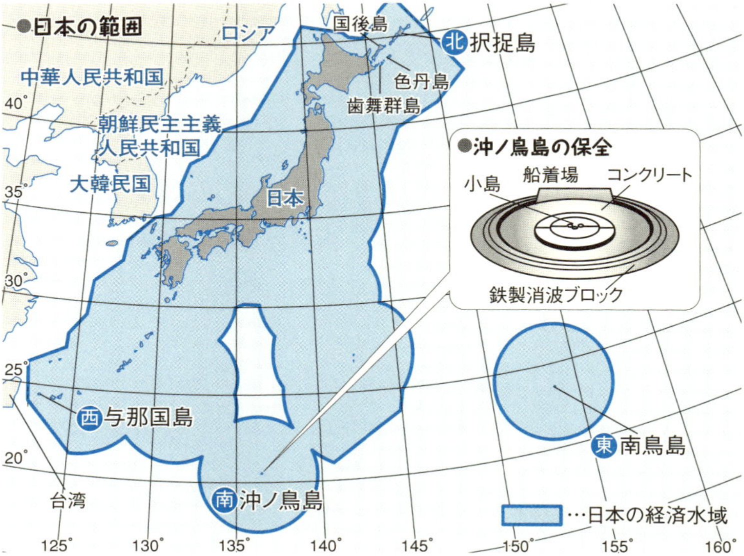

です。沖ノ鳥島は、東京から南に約1700kmも離れたところにありますが、東京都に所属する島です。ちゃんと住所も郵便番号もあります。潮が満ちて海面が上がっても沈まない「北小島」、「東小島」という２つの島があり、北小島は「東京都小笠原村沖ノ鳥島１番地」、東小島は「２番地」です。郵便番号は、小笠原諸島のほかの無人島と同じ「〒100-2100」です。手紙を出す相手は住んでいませんが……。

満潮時には人が１人やっと立てるくらいの大きさしかない沖ノ鳥島は、じつは日本にとってとても重要な島なのです。

海に面した国は、沿岸から200海里（約370km）までの範囲で海洋資源を得る権利を認められています。この範囲のことを経済水域といいます。

沖ノ鳥島は日本の領土なので、島の沿岸から200海里の範囲はもちろん日本の経済水域に含まれます。したがって、沖ノ鳥島がなくなるということは、日本に認められていた島の周囲の経済水域そのものの消失を意味するのです。沖ノ鳥島があるおかげで日本に認められている経済水域は、約40万km^2。この、日本の国土と同じくらいの大きさの範囲でとれる魚や資源が日本のものではなくなってしまっては大変です。

そのため、日本政府は多額の費用をかけて、島が太平洋の荒波にけずられてなくなってしまわないように、島の周りをコンクリートで固め、波の力を打ち消すブロックを置くなどの工事を行ったのです。

日本の北のはしは、北海道の北東にならぶ千島列島の中にある択《え》捉《とろふ》島です。択捉島には約7000人の人が住んでいますが、この人たちはロシア人で、日本人は１人もいません。択捉島だけでなく、周辺の国後《くなしり》島、色丹《しこたん》島、歯舞《はぼまい》群島にも日本人は住んでいないのです。

なぜ、日本の島に日本人が住んでいないのでしょうか？

第二次世界大戦前まで、択捉島、国後島、色丹島、歯舞群島には日本人がたくさん住んでいました。しかし、日本が戦争に負ける際、当時のソビエト連邦がこの島々を占領したため、日本人はこの地に住めなくなってしまったのです。この４つの島を日本では北方領土とよんでいますが、日本は４島すべての返還を、ソ連を前身とするロシアに求めています。いっぽうロシアは、歯舞群島と色丹島の２島の返還で解決を図ろうとしています。両国の領土をめぐる問題は解決の糸口が見つからないまま、現在にまで至っています。

西のはしは、台湾のすぐそばにある与那国島です。与那国島は沖縄県に属している島なので、沖縄県は日本の南のはしではなく、西のはしということになりますね。与那国島の西崎《いりざき》という岬には「日本国最西端之地」と刻まれた石碑が建てられています。晴れた日には、展望台から約100km離れた台湾の山々を眺めることができるそうです。

東はしは、東京から南東に約2000kmも離れた、太平洋にぽつんと浮かぶ南鳥島です。南鳥島は、沖ノ鳥島と同じ東京都の島です。１辺1.3kmの三角形をしたさんご礁の島で、島にある自衛隊や海上保安庁、気象庁の施設で働く職員が常駐しているので、無人島ではありません。「東京都小笠原村南鳥島」という住所もありますが、配達があまりにも困難なので、郵便物を届けることはできません。

沖ノ鳥島、択捉島、与那国島、南鳥島を実際に訪れて、「日本の東西南北のはし」に立ってみたくはありませんか？　でも残念なことに、**一般の交通機関でだれでも自由に訪れることができるのは、与那国島だけです。**無人島の沖ノ鳥島に行く交通機関はありませんし、領土問題にゆれる択捉島に行くことができる人は、元島民やその家族などに限られています。また、一般の人が住んでいない南鳥島に行くには、自衛隊や海上保安庁の飛行機に乗るしか手段がないのです。

44　こっちは大雪、あっちは寒風？

北半球にある日本では、北に行けば行くほど寒く、南に行けば行くほど暑くなります。北海道札幌市は北緯43度、カナダの首都オタワとほぼ同じくらい北にあり、冬の寒さがきびしい冷帯の気候です。いっぽう、沖縄県那覇市は北緯26度、アメリカのフロリダ半島にあるマイアミとほぼ同じくらい南にあり、夏に暑く冬も温暖な熱帯に近い気候です。緯度が17度ちがうだけで、こんなにも気候が変わるのです。

では、緯度のちがいだけが、気候を決定しているのでしょうか？

ヨーロッパの多くの地域は、北海道よりも高い緯度、つまり北に位置しています。では、ヨーロッパは北海道よりも寒く、雪が多いかというと、そんなことはありません。**よほど北へ行かない限り、ヨーロッパは北海道よりも暖かく、雪もあまり降らない地域がほとんどです。**これは、**ヨーロッパの気候が大西洋を流れる暖かい海流や、一年中吹きつける暖かい風などに影響されているからです。**

緯度だけが気候を決定する要素ではないのは、日本でも同じことです。緯度のほかに、**日本の気候や天気に大きく関わっているもののひとつが、山です。**本州の中央部には、高くけわしい山脈が横たわっています。この山脈をさかい目にして、本州は「日本海側」と「太平洋側」とに分けられます。

例えば、ほぼ同じ緯度の日本海側の町と太平洋側の町とでは、どちらがたくさん雪が降ると思いますか？　日本海側にある新潟県十日町《とおかまち》市の2008年の降雪量は996cm、太平洋側の福島県白河《しらかわ》市が84cmでした。十日町市のほうが10倍以上も多いですね。

ほぼ同じ緯度の地点の降雪量に大きなちがいをもたらしているのは、十日町市と白河市のあいだにそびえる越後山脈です。

冬にユーラシア大陸から吹く北西の風は、日本海をわたるとき、暖かい海流から蒸発する水分をたっぷりと含みます。その風が越後山脈にぶつかって、しめった空気が山にそって昇っていくと、温度が下がって雪雲になります。雪雲は、日本海側の十日町市に大雪を降らせますが、越後山脈を越えて太平洋側の白河市に吹きこむときには、冷たく湿り気のないかわいた風となっているのです。

このように、**同じ緯度の場所でも、複雑な地形や風向きなどの影響で、さまざまな天気がみられるのです。**

●冬の天気

45 沖縄の悩みは「台風＆魔物」!?

本州で冬の寒さがいちだんときびしくなるころ、沖縄では桜が咲き始めます。本州で桜が満開になるころには、沖縄は海開きのシーズンを迎えます。

沖縄は、九州のさらに南にあり、また、周りを海で囲まれているため一年中暖かい、熱帯に近い気候です。１月の平均気温は16.6℃。雪が降ることもなければ、平地に霜が降りることもありません。グアムやタヒチにとても似た気候なのです。

沖縄で平均気温が20℃を超えるのは４月から11月までのあいだ。全国の寒がりな人たちからみたら、うらやましい限りかもしれませんが、南国・沖縄ならではの悩みがあるもの確かです。

強烈な日差し、暑さ、それに台風——それらと付き合いながら快適に過ごせるように、沖縄の人々はさまざまな工夫をしています。

●沖縄の家

例えば、沖縄の伝統的な家では強い日差しが屋内に入らないように、屋根のひさしを深くしています。屋根の瓦の下には土を厚く敷き、屋内に

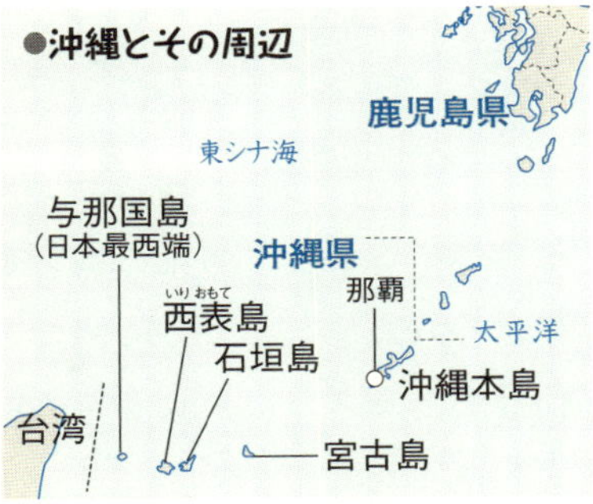

●沖縄とその周辺

暑さが伝わりにくいようにしています。また、家の中の風通しをよくするため、本土のようにきっちりと引き戸を閉める玄関の代わりに、家の正面にひんぷん（屏風）というついたてを置いています。ひんぷんは、暑さよけ、プライバシー保護の役割をはたすだけではなく、魔よけのおまじないでもあります。沖縄では、魔物は外から家にまっすぐ飛びこんでくるという言い伝えがあります。ひんぷんは、魔物を入り口ではね返すために置かれるそうです。

沖縄には毎年７個くらいの台風が直撃したり近づいたりするので、沖縄は「台風銀座」ともよばれています。そのため、家は台風に備えたつくりにもなっています。

沖縄に昔からある家は、低い平屋建てで屋根の勾配はゆるやかになっています。屋根の赤い瓦は、強風で飛ばされないように、漆喰《しっくい》でしっかり固められています。また、家の周りを防風垣で囲ったり、ガジュマルなどの木を植えて防風林にしたりしています。

沖縄独特の家は、南国特有の気候に応じた機能的なものだったのですね。

46 「雪国＝米どころ」のナゾ!?

geography

毎年冬になると、各地の雪祭りのようすがテレビのニュースで報じられます。雪でつくったとは思えない立派な彫刻や、幻想的な雪どうろう、かまくらの中で遊ぶ子どもたちなど、とても楽しそうな光景です。

北海道や東北地方、北陸地方の日本海側の地域には、毎年たくさんの雪が降ります。一晩に１ｍも降り積もることがあり、こうなると楽しんでばかりもいられません。

北海道の帯広《おびひろ》市のように、日中でも気温が０℃以下にしかならないとくに寒さがきびしい地域では、乾いてサラサラした雪が降ります。いっぽう、山形県の米沢《よねざわ》市のように日中の気温が０℃以上になる地域では、水分を多く含んだ湿った雪が降ります。湿った重い雪が、何ｍも屋根に積もったら大変です。雪の重みに耐えきれず、家がかたむいたり、倒れたりすることもあります。そのため、どこの家でも屋根の雪下ろしをします。

しかし、屋根から下ろした雪をそのままにしておくと、今度は家がうまってしまいます。下ろした雪は、掘りおこして家の周りに寄せて積み上げなければなりません。

家だけではなく、道路も雪にうもれてしまっては、車も人も通行ができなくなってしまいます。交通量の多い道路では、除雪作業車とトラックで毎日降り積もった雪を取り除きます。また、水をまいて雪をとかす消雪パイプが設置されているところもあります。

こうした雪国の家には、さまざまな工夫がされています。例えば、降り積もった雪が自然に落ちるように、屋根の傾きが急になっていたり、雪が積もっても出入り口がふさがらないように、玄関が高くなっていたりします。ほかにも、冷たい外気が入らないように、玄関ドアの外側に玄関フードがついていたり、二重の窓になっている家もあります。

●雪国の家

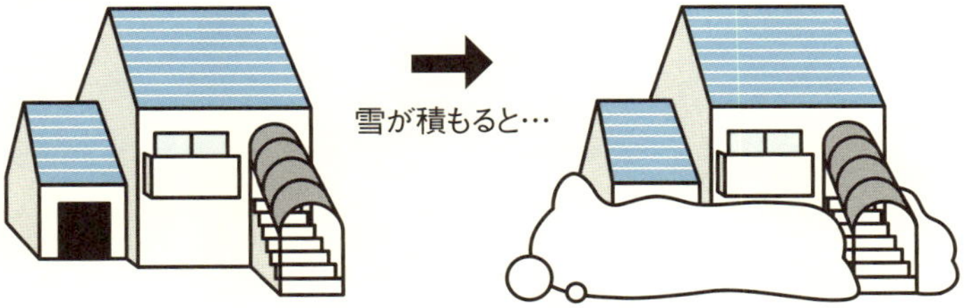

車にも、「寒冷地仕様」の装備が欠かせません。メーカーによってちがいますが、標準仕様より大きいバッテリーや雪用のワイパーが使われ、エアコンの温風が後部座席まで届くようになっています。

人々の生活のさまたげにもなる雪ですが、大量の雪どけ水は米づくりにはなくてはならないものです。雪の多い東北地方や北陸地方は、日本の米どころでもあるのです。

47　三重県・山梨県は「何地方」？

47都道府県の代表が出場する高校野球の甲子園大会。出身地や住んでいる県の代表が負けてしまったら、まだ勝ち残っている近くの県の応援に回る——そんな、「せめて同じ地方の県に頑張ってほしい！」という人は、少なくないと思います。

日本を北海道・東北・関東・中部・近畿・中国・四国・九州の８つに分ける地方区分は、例えば高校野球で東京都の人が同じ関東地方の栃木県代表をなんとなく応援してしまうように、「同じ地方の仲間」という意識さえ芽ばえさせ、わたしたちのあいだに根づいています。

しかし、**このような地方区分は、じつのところきわめて曖昧なもの**なのです。そもそも法律などでそのように決められているわけではなく、**２つの地方を「かけもち」している県もあるくらいです。**

中部地方と近畿地方の両方に属しているのが、２つの地方のあいだに位置する三重県です。三重県は、方言など文化の面では「関西風」、つまり近畿地方の色が濃い県です。しかし、距離的に近く、交通の便もよい中部地方最大の都市・愛知県名古屋市に通勤・通学したり、気軽に買い物に出かけたりする人が多く、中部地方とのつながりもひじょうに強いのです。

そういった事情に配慮し、「中部」「近畿」とは別に、中部地方の**静岡県・愛知県・岐阜県に三重県を加えた「東海地方」という区分もある**のです。

中部地方と関東地方のあいだに位置する山梨県も、両方の地方に属する「かけもち県」です。

山梨県は、一般的に中部地方・関東地方の境界とされている関東山地よりも西側、つまり中部地方側に位置しているため、地理の面では中部地方の県であるといえます。いっぽうで、かつて東京都を中心とする地域の整備・開発を行うために制定された法律では、関東地方の7都県に山梨県を加えた範囲を「首都圏」と定めていました。もちろん、どちらが「正しい」ということはないのですが。

このように、各都道府県によってそれぞれ事情が異なる現状を考えれば、地方区分はある程度柔軟に考えておいた方がいいのかもしれませんね。

●「地方かけもち県」

48 冷蔵庫で「温める」？

——北海道地方——

夏、北海道の札幌市内の小学校のそばを通ると、敷地内にある大きなビニールハウスから子どもたちの歓声が聞こえてきます。このビニールハウスは何に使われていると思いますか？じつは、プールです。短く涼しい北海道の夏に少しでも長く泳げるように、プールをビニールでおおっているのです。

本州の大部分は温帯で、平均気温が20℃を超える夏が6～9月の4か月間続きますが、**北海道で20℃を超える月は7月と8月の2か月間だけです。**中には8月だけ、あるいはまったくないという地域もあります。気温が25℃以上になる日は少なく、あまりきびしい暑さにはなりません。

そのため、小学校の水泳の授業は回数が少なく、プールのな

●北海道地方

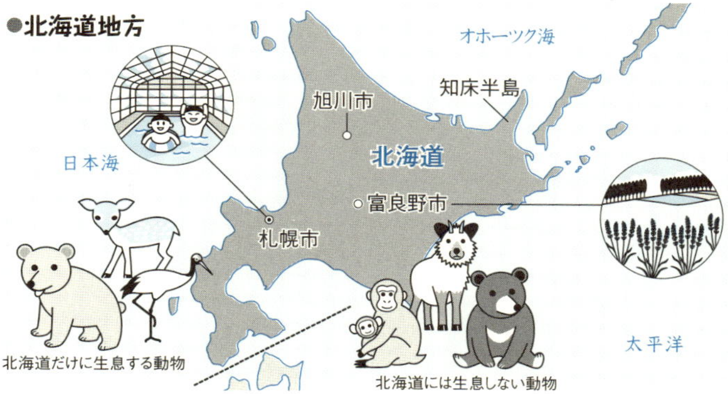

い小学校もたくさんあります。そこで登場したのが、ビニールのおおいをかけたプールです。まるでビニールハウスのようになったプールは、日差しの強い日には水温が40℃近くになることもあり、プールサイドにあがっても冷たい風に当たることがないので、９月の終わりくらいまで泳ぐことができるのです。

いっぽう、北海道の冬の寒さは大変きびしく、内陸の旭川《あさひかわ》市では−41.0℃を観測したこともあります。これは、日本で今までに観測された最低気温です。**北海道の家には、寒さを防ぐために壁や床に断熱材を入れたり、二重窓にしたりするなど、いろいろな工夫がされています。**ところが、あまりにも気温が低いと、部屋の暖房を切ったとたんにぐんぐん室温が下がり、室内に置いてある食べ物が凍ってしまいます。そこで、夜のあいだに野菜や飲み物が凍ってしまわないように、冷蔵庫に入れておくことがあります。冷蔵庫を温蔵庫として使うなんて、北海道ならではの生活の知恵ですね。

気候だけではなく、**本州と北海道では生息している動物や生えている植物の種類もちがいます。**

例えば、エゾモモンガやエゾヒグマ、エゾシカ、タンチョウ、シマフクロウなどは、北海道には生息していますが、ほかの地域にはいません。反対に、ニホンザルやツキノワグマ、ニホンカモシカなどは、北海道には生息していません。また、熱帯や温帯の暖かい気候を好む竹やゴキブリも、北海道で見ることはほとんどありません。北海道の人は、ほかの地域で初めてゴキブリを見てビックリするそうですよ。

北海道の雄大な自然は、多くの観光客を魅了します。

北海道の冬の風物詩といえば、なんといっても知床《しれとこ》半島などのオホーツク海沿岸に流れ着く流氷です。毎年１月下旬ごろ、北海道のオホーツク海沿岸は流れついた流氷でうめつくされます。この流氷は、約1000km離れたシベリア東部のアムール川河口付近から、季節風や海流によって運ばれてきたものです。ミシミシと音を立てて流氷を割りながら豪快に突き進む砕氷船に乗り、流氷に乗ったアザラシや知床の山並みを眺めるツアーは、観光客に大人気です。

●流氷が流れ着くまで

また、スキーなどのウィンタースポーツもゴールデンウィークまで楽しめます。上質なパウダースノーで知られる西部のスキー場は、オーストラリアなど海外からやってくるスキーヤーも多く、国際的なリゾート地となっています。

いっぽう、夏の風物詩といえば、富良野《ふらの》のラベンダー畑。ラベンダーは、地中海沿岸地域原産のハーブの一種で、香水、化粧水、せっけんなどに使われます。香料用の作物として1940年ごろから栽培がさかんになりましたが、現在はおもに観賞用です。丘一面に広がる紫色の花畑で、色鮮やかな風景だけでなく、さわやかで少し甘いラベンダーの香りも楽しめます。

2005年に世界遺産に登録された知床も、ぜひ訪れたい場所ですね。長さ約70kmにわたってオホーツク海に突き出た知床半島は、半島の中央部には標高1200ｍを超える山々が連なり、海岸線には高さ100ｍ以上の断崖絶壁が続きます。このようなけわしい地形のために開発が進まず、手つかずの自然が残されているのです。ここでは、世界最大級のシマフクロウやオジロワシ、シレトコスミレなど貴重な動植物が見られます。

北海道を訪れる楽しみは、自然ばかりではありません。**四方を海に囲まれている北海道は、日本一の漁獲量を誇ります。**カニやホタテ、ウニ、イクラなど豊富な海産物のとれたての味を楽しみたいですね。

また、**土地が広く夏でも涼しい北海道では、酪農がさかんです。**北海道の生乳生産量は全国の約半分をしめますが、東京などの大消費地から遠く離れているので、牛乳として出荷するより、バターやチーズなどの乳製品に加工して出荷することが多いです。新鮮な牛乳をたっぷり使ったプリンやチーズケーキは、お土産にもぴったりです。

そのほかにも札幌発祥のみそラーメン、特製の鉄鍋で焼いて食べるジンギスカンなど、食べる楽しみはつきません。

49 「みちのく」ってどんな意味？

——東北地方——

東北地方を「みちのく」とよぶことがあります。京都・奈良が日本の都だったころ、都から遠く離れたこの地方を「道奥国（みちのくのくに）」とよんでいたことに由来するそうです。「道」の「奥」と書いて「みちのく」。当時の都の人が東北地方をどれほど遠くに感じていたのかが伝わってくる表現です。

東北地方の見どころはたくさんありますが、**夏に行われる青森ねぶた祭、仙台七夕まつり、秋田竿燈まつりは、東北三大祭りとよばれ**、毎年全国から大勢の観光客が訪れます。

青森ねぶた祭は、毎年８月上旬に青森市で開催されます。人や動物をかたどった大灯籠（ねぶた）に灯をともして屋台に乗せ、ハネト（跳人）とよばれる踊り手とともに市内を練り歩きます。高さ最大５ｍ、幅９ｍ、奥行き７ｍもの、歌舞伎の名場面や歴史を題材としたねぶたが引き回され、そろいの衣装を身に付けたハネトが「ラッセラー、ラッセラー」と威勢のよい掛け声で祭りを盛り上げるようすは、迫力満点です。

ねぶた祭が行われる青森県は、本州の北のはしにあります。1873年に青森―函館間に青函連絡船の定期航路が開かれるなど、津軽《つがる》海峡にへだてられた本州と北海道を結ぶ窓口として発展しました。

1988年には、42年の歳月をかけて開削された青函トンネルが開通しました。上野−札幌間、大阪−札幌間を結ぶ寝台特急列車は、景色を楽しみながらぜいたくな時間を過ごせると人気が高く、予約を取るのも大変です。

青森県といえば、日本一のリンゴの産地であることはよく知られていますが、じつはニンニクの生産もさかんです。青森県はニンニクの生産量も日本一で、国内でつくられる量の約70%をしめています。また、ゴボウや長イモの生産量も日本一です。**冬に晴天の日が多いことから、全国でも有数の農業がさかんな県になったのです。**

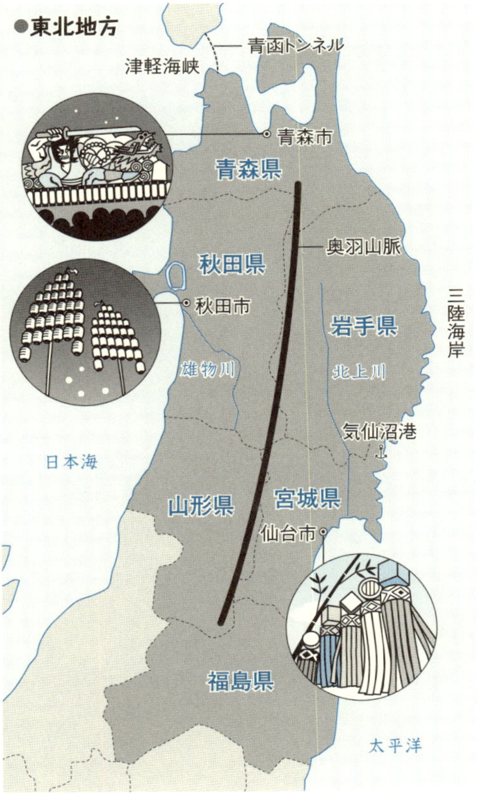

仙台七夕まつりは、毎年８月上旬に宮城県の仙台市で開催され

ます。青竹から下げられた豪華絢爛な笹飾りが、ぎっしりと町をうめつくします。折鶴や巾着など伝統の７つ飾りには、家内安全や健康長寿、商売繁盛などさまざまな願いがこめられています。

秋田竿燈まつりは、真夏の病魔や邪気を払う行事として始まったといわれ、８月上旬に秋田市で開催されます。たくさんの提灯をぶら下げた竿燈を、差し手が額や腰、肩などで支えながら大通りを練り歩きます。大若《おおわか》とよばれる竿燈は、長さが12ｍもあり、46個の提灯が取り付けられると、重さは50kgにもなります。

東北地方の中央部には、南北に奥羽山脈がのびています。この、**奥羽山脈をはさんで、日本海側の地域と太平洋側の地域では、気候や産業のようすが大きくちがいます。**

日本海側の秋田県は、冬には北西の風と日本海を流れる暖流の影響でたくさんの雪が降ります。また夏には、太平洋側に雨を降らせた高温で乾いた南東の風が山脈を越えて吹きこみ、気温がとても高くなることがあります。

冬に降った大雪は、春になると雪どけ水となって秋田平野を流れる雄《お》物《もの》川に流れこみます。**この豊富な水と夏の高温がイネの生育には好条件となり、秋田平野を日本有数の米の産地にしているのです。**

いっぽう、冬の太平洋側の宮城県では、日本海側に雪を降らせて湿気がとりのぞかれた風が吹きこむので、晴れの日が続きます。しかし、**夏には冷たい北東の風が吹きこみ、農作物に被害が出ることがあります。**

北上《きたかみ》川が流れる仙台平野でも米づくりがさかんです。「ササニシキ」や「ひとめぼれ」は、宮城県で生まれたブランド米として人気があります。

また、宮城県から岩手県に続く海岸線をみると、ギザギザに入り組んだ複雑な形をしていることがわかります。これは、山地が海に沈んでできたリアス海岸で、山の尾根の部分が岬となって海に突き出し、谷の部分が湾や入り江となっています。

その**入り組んだ湾の奥には漁港が発達し、波が静かな湾内は魚や貝の養殖場に利用されています。**宮城県の気《け》仙《せん》沼《ぬま》港でも、カキやホヤ、ワカメなどの養殖がさかんです。

そして、**青森県南部から宮城県にかけての三陸海岸沖は、寒流（親潮）と暖流（黒潮）がぶつかる潮目とよばれる場所に当たり、世界有数の好漁場となっています。**そのため、宮城県の気仙沼港はカツオ漁やマグロ漁の基地となっています。マグロと一緒に水揚げされるサメのヒレ（フカヒレ）は中華料理の食材に、身はかまぼこやはんぺんの材料に使われています。

50 東京には「緑」がいっぱい？
――関東地方――

首都・東京――高層ビルがぎっしり建ちならび、緑も少なく、人が多くて朝夕の通勤・通学時には鉄道も道路も大混雑……そんなイメージではありませんか？ 確かに、銀座や霞ヶ関、六本木を中心とする都心や、新宿や渋谷、池袋の副都心には高さ60ｍ以上の超高層ビルがいくつもならび、中には200ｍを超す建物もあります。

東京23区の１人当たりの公園面積は、日本一せまい2.9m^2で、アメリカの大都市ニューヨークの１人当たり公園面積の10分の１の広さしかありません。

東京の都心には、となりの神奈川県や千葉県、埼玉県からもたくさんの人が通勤・通学してきます。このため、**都心の人口は昼間になるとさらにふくれ上がり、逆にベッドタウンであるとなりの３県の人口は、昼間だけ急激に落ちこむのです。**

そのため、都心に向かうラッシュ時の電車は、身動きがとれないほど混むこともあります。ＪＲ・私鉄・地下鉄が乗り入れている新宿駅は、１日の平均乗降客数が世界一多い駅としてギネス世界記録に認定されているほどです（2008年現在）。また、地下鉄の六本木駅の最も新しい路線のホームは地下７階、日本の地下鉄の駅で最も深い地下42.3ｍにつくられています。ホームにたどり着くのも大変そうですね。

でも、**東京都全体がこのような「大都会」というわけではありません。**東京都は東西に細長く、東部は東京湾に面した低地ですが、西部には関東地方と中部地方を分ける関東山地が広がり、高尾山や奥多摩《おくたま》湖、日原《にっぱら》鍾乳洞など美しい自然が残されています。温泉や「都民の森」もあり、人々の憩いの場となっています。

東部と西部は、地形だけでなく、人口にも大きなちがいがあります。東部の東京23区では、１km^2四方の中に13663人も住んでいる計算になりますが、西部の檜原《ひのはら》村では１km^2四方の人口はわずか27人。西部には、東部のような鉄道網もなく、都心で見られるビルが密集するような景観はまったくありません。

人口が集中している東部の平野は、ほとんど住宅地や工場用地などに使われていて、農地は東京都全体で3.7％しかありません。もちろん農家の数も、農業産出額も全国の都道府県の中でいちばん少ないのが東京都です。

ところが、こんなに農地や農家が少ないにもかかわらず、**東京はある野菜の全国有数の産地なのです。**どんな野菜だと思いますか？

それは、コマツナとウドです。コマツナは、江戸っ子の雑煮には欠かせない貴重な冬野菜で、江戸幕府の５代将軍徳川綱吉が小松川（江戸川区）の地名をとって名付けたといわれています。成長が早く、ハウス栽培などで年に５～６回も収穫できるので、農家にとって効率のよい作物です。

ウドは数少ない日本原産の野菜で、もともとは山に自生しているものですが、東京では地下に掘られた「むろ」の中で光を当てずに育てた軟白ウドとして出荷します。

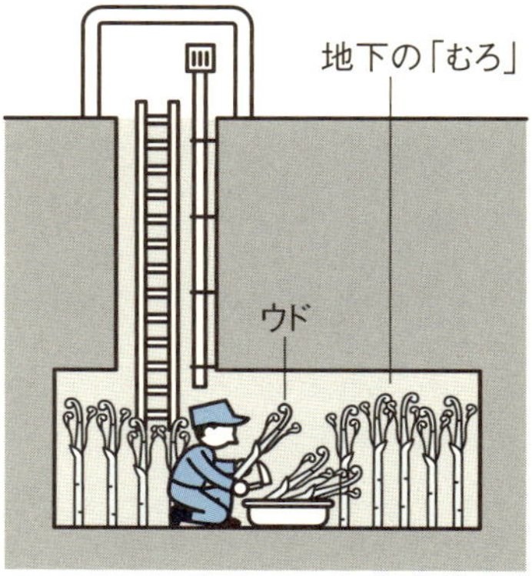

都内で野菜栽培――意外にも思えますが、野菜を新鮮なまま届けられる距離に巨大な消費地があるという意味では、東京近郊は農業の「穴場」という考え方もできるのです。

東京都をとり囲む６つの県ではその考えが実践されていて、東京で生活する人たちの食料供給地になっています。千葉県は、「首都圏の台所」とよばれるほど農業も漁業もさかんです。東京都に隣接している北西部や臨海部には住宅地や大型のテーマパーク・イベントホールなどが建設されていますが、県全体に水はけがよく野菜づくりに適した下総《しもうさ》台地が広がっていて、県の面積のおよそ４分の１が農業用地になっています。千葉県が生産量日本一を誇る農産物には、ラッカセイ、日本ナシ、サトイモ、ホウレンソウ、ネギ、カブ、エダマメがあり、そのほか全国有数の生産量の野菜が何種類もあります。また、卵や牛乳の生産量も多く、新鮮なうちに東京に出荷されます。

太平洋を流れる暖流の影響で冬でも暖かい房総《ぼうそう》半島の南部では、カーネーションや洋ラン、観葉植物の栽培がさかんです。四季折々の花が楽しめる花畑では、花摘みもでき、人気の観光スポットになっています。

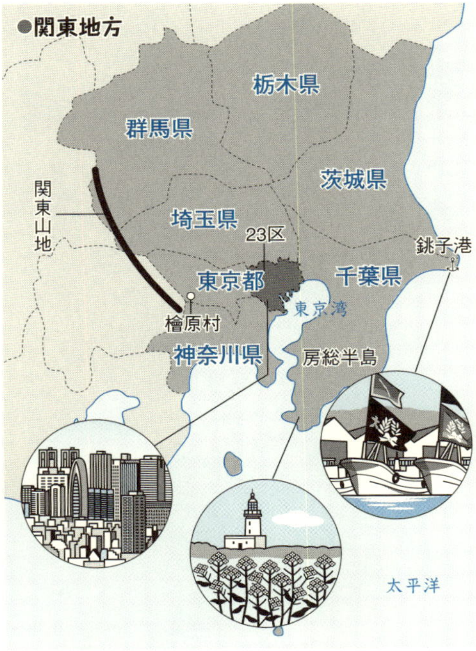

太平洋側の銚子《ちょうし》沖から宮城県沖にかけては、寒流の親潮と暖流の黒潮がぶつかる潮目なので、イワシ、サバ、アジなどたくさんの魚があつまります。これらの魚が水揚げされる**銚子港は、日本トップクラスの水揚げ量を誇る漁港です。**

51

中部を彩る「3つの幻想《ミラージュ》」!?

——中部地方——

2003年、山梨県西部に位置する4町2村が合併して、市名にカタカナがまじった「南アルプス市」が誕生し、話題となりました。でも、なぜヨーロッパにあるアルプス山脈の名前を使ったのでしょう？

市名の由来となった**南アルプスとは、長野県と山梨県、静岡県にまたがる赤石山脈のことです。中央アルプスとよばれる木曽山脈、北アルプスとよばれる飛騨山脈とあわせて日本アルプスとよばれています。**いずれもアルプス山脈のような高くけわしい山々で、「日本の屋根」ともよばれます。

●中部地方

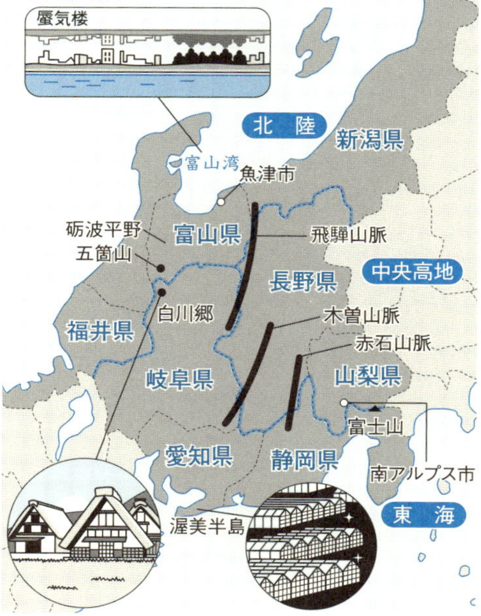

これらの山岳地域にかかる山梨県と長野県は、中央高地に区分さ

れます。**中部地方は、この中央高地と日本海側の北陸地方、太平洋側の東海地方の３つに分けられます。**

夏と冬、昼と夜の気温の差が大きく、１年を通して降水量が少ない中央高地の気候は、くだものづくりにぴったりで、山梨県はブドウとモモの収穫量が日本一です。甲府盆地東部の日当たりと水はけのよい斜面にはモモ畑が広がり、春になると満開のモモの花で一帯は桃色に染まります。まさに桃源郷ですね。

広い中部地方では、それぞれの地域で四季折々の変化を楽しむことができます。

富山県の春の風物詩は、砺波《となみ》平野に咲き誇る色とりどりのチューリップです。**富山県では、イネを刈ったあと同じ土地を使って、チューリップの栽培を行うようになりました。**日本海側の富山県は雪が多く、冬の農業が難しかったのですが、田に積もった雪が地中の温度・湿度を保ち、秋に植えた球根を霜柱から守ってくれるなど、球根の栽培にはちょうどよかったのです。今では、富山県は栽培面積・出荷量ともに日本一のチューリップの球根産地です。

もうひとつ、富山県には春の風物詩があります。それが、富山湾の蜃気楼《しんきろう》です。蜃気楼は、地表近くの温度のちがいによる光の異常屈折がおこす現象で、遠くのものがのび上がったり、さかさに見えたりします。春の蜃気楼は、４～６月のあいだに10～15回ほどしか見られないので、富山湾沿岸の魚津《うおづ》市は、市のホームページやメールマガジンで蜃気楼の発生予測を伝えるサービスを行っています。

幻想的な光景が見られるのは、日本海側の富山湾だけではありません。太平洋側の愛知県の渥美《あつみ》半島では、秋になると一風変わった夜景が見られます。それは、キクの花を栽培するビニールハウスがつくる、光のモザイク模様です。「光のビニールハウス」の正体は、「電照菊」という愛知県東部で生まれた特殊な栽培方法です。キクはふつう秋に咲きますが、夜間に照明を当てることでまだ夏だと思わせ、開花を遅らせるのです。こうすると、**1月から4月ごろまで花を咲かせられるので、ほかの地域の菊が出回らない時期に出荷することができるのです。**

岐阜県では、ライトアップされた雪の白川郷《しらかわごう》が冬の風物詩として人気があります。白川郷は、富山県の五箇山《ごかやま》とともに世界遺産に登録されている合掌造り集落です。**合掌造りは、その名のとおり、手の平を合わせたような山型の住居ですが、白川郷も五箇山も豪雪地帯で湿った重い雪が降ることから、屋根の傾斜を急にして、雪が自然に滑り落ちるようにしているのです。**急傾斜の屋根がなす大きな屋根裏は、以前は蚕《かいこ》の飼育に使われ雪の深い冬の農家の仕事場でした。合掌造りの家は、30～40年に1度、屋根のかやのふきかえをしなくてはなりませんが、作業には多くの人手が必要です。そのため、白川郷では昔から結《ゆい》というグループをつくり、一軒一軒助け合いながらふきかえ作業をしてきました。白川郷の人口が少なくなった現在では、全国から集まるボランティアなどが結の役割を果たしています。

富士山の山頂は何県？

日本最高峰の富士山は、中部地方の2つの県、静岡県と山梨県にまたがってそびえています。地図上では、県の境界線が富士山を2つに分けるように通っています。しかし、地図をよく見ると、富士山の山頂部分に境界線はなく、空白になっています。富士山の山頂は県と県の境界が決まっていない、境界未定地域だからです。

富士山の8合目以上は、富士山本宮浅間大社の境内地で、観測所や登山道、県道をのぞいた部分は浅間大社の私有地ですが、県境が確定せず地番がないため、登記ができない状態です。

富士山の山頂が山梨県となるように境界線を引くのか、静岡県となるように引くのか、それとも2つの県で分け合うように引くのか……それぞれの県民の思いもありますし、「日本の象徴はみんなのもの」という声もあります。とぎれている山梨県と静岡県の境界線を、無理につなげる必要はないのかもしれませんね。

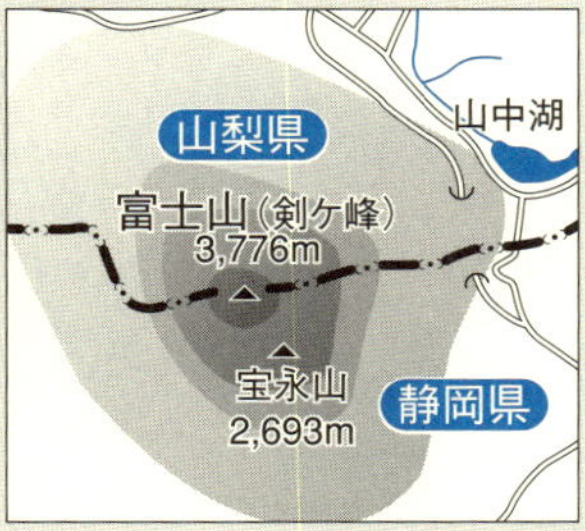

52 京都の「碁盤目」で迷わないように？

——近畿地方——

大阪と京都の2つの府と、滋賀、奈良、兵庫、三重、和歌山の5県からなるのが、近畿地方です。日本列島における大まかな位置を示す東北や中部などとちがって、「近畿」という名前は何を意味しているのか、ピンときませんね。

近畿とは、「都の近く」という意味です。中国の言葉で、皇帝の住まいの周辺のことをさします。日本の「畿」は、かつて都がおかれた奈良や滋賀、京都に当たり、その周囲の地域を畿内とよんでいました。近畿地方とよばれるようになったのは、明治時代以降のことです。

京都に都がおかれていた江戸時代まで、近畿地方は1000年以上にわたり日本の政治・文化、経済の中心でした。そのため、巨大な古墳（有力者の墓）やお寺、お城、仏像や工芸品など数々の貴重な史跡や文化財が

残されています。「古都京都の文化財」、「古都奈良の文化財」、「法隆寺地域の仏教建造物」、「紀伊山地の霊場と参詣道」、「姫路城」という5つの世界遺産をもつことからも、近畿地方が文化財の宝庫であることがうかがえます。

古都とよばれる京都市と奈良市は、歴史を感じさせる町並みや建造物だけでなく、京都三大祭（葵《あおい》祭・祇園《ぎおん》祭・時代祭）や奈良の東大寺のお水取りなどの伝統行事が今も行われ、国内だけでなく外国からも多くの観光客が訪れる日本を代表する観光都市です。

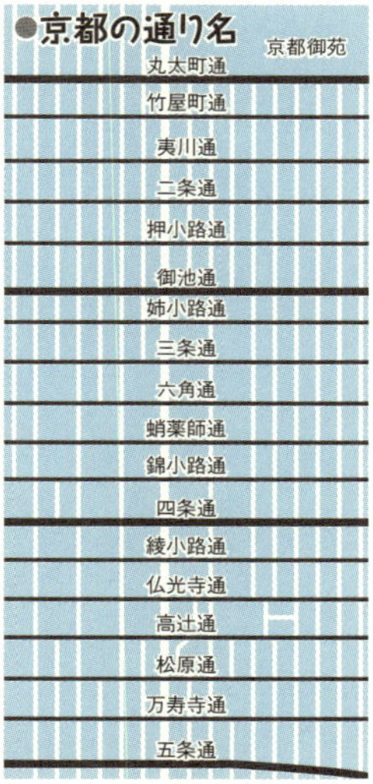

どちらの市街地も、道路が東西と南北にまっすぐのび、碁盤の目のように区切られていますが、これは中国の都長安を手本にして8世紀につくられた平城京や平安京のなごりです。どこも同じようにきれいに区切られた町で迷ってしまわないように、京都の子どもたちは、こんな歌を覚えます。

♪丸竹《まるたけ》 夷《えびす》 二《に》押《おし》御池《おいけ》、姉三六角蛸《あねさんろっかくたこ》 錦《にしき》、四《し》綾仏高松万《あやぶったかまつまん》五条《ごじょう》——通りの頭文字をならべて、名前と順番が覚えられる歌詞になっているんですよ。

京都府南部では、平等院鳳凰堂、金閣・銀閣、二条城など、修学旅行先としても人気のある歴史的建造物のほか、間口がせまく奥行きが深いウナギの寝床のような町家の家並みが見られます。

いっぽう、京都府北部の若狭《わかさ》湾に面する丹後《たんご》半島の先、伊根《いね》町では、まるで海の上に家屋がずらりとならんでいるような珍しい舟屋の風景が見られます。舟屋は海岸のすぐきわまで山がせまっている土地をうまく利用した家屋で、1階を舟置き場や物置、作業場として、2階を住居として使っているのです。

●京都の町家と舟屋

丹後半島には、広島県の宮島や、宮城県の松島とともに日本三景のひとつに数えられる天橋立《あまのはしだて》もあります。細長い砂の堤が湾を横切り、対岸に達している不思議な地形は、海岸をけずって運ばれた砂がたまったもので砂州といいます。丘の上から「股のぞき」で見ると、空と海が逆になり、天にかかる橋のようにも見えるそうです。

世界遺産のひとつ「紀伊山地の霊場と参詣道」は、紀伊《きい》半島の南部に広がる紀伊山地の山中にある高野《こうや》山と熊野《くまの》三山（熊野本宮大社、熊野速玉大社、熊野那智大社）、吉野《よしの》大峯《おおみね》の３つの山岳霊場を、それぞれ結ぶ参詣道のことです。

高野山と熊野三山がある和歌山県は、「木の国」とよばれるほど木が多く、林業がさかんです。木材に加え、火力が強く煙の少ない良質の炭も生産され、紀州備長炭のブランドで有名です。

また、**山深く米づくりには向かない土地なので、江戸時代にはミカンやウメの栽培がさかんになりました。**南西部にあるみなべ町の南部川河岸のなだらかな山々には、「一目百万、香り十里」と称される見渡すかぎりの梅林が続き、早春には観光客でにぎわいます。みなべ町役場には、梅に関する研究、振興、情報発信などの業務を行う部署があります。その名も「うめ課」。ユニークな課ですね。

「飛び地」って何だ？ ～和歌山県北山村～

和歌山県の北山村は、和歌山県に属しながらも三重県と奈良県の県境にあります。林業がさかんな北山村で切り出された木材は、昔、北山川をいかだで下って下流にある新宮《しんぐう》まで運ばれていました。林業の強い結びつきから、明治時代になって新宮が和歌山県に入ると、北山村の人々は新宮とともに和歌山県に入ることを希望して実現しました。このように、ある国や地域の一部が別の国や地域にある場所を飛び地といいます。

53 本州から九州へ「徒歩15分」？

——中国地方——

岡山・広島・山口・島根・鳥取の５つの県からなるのが、中国地方です。日本列島の真ん中にあるわけでもないのに、なぜ「中国地方」とよばれるのでしょうか？

このようによばれるようになったのは、近畿地方に平城京や平安京などの都が栄えたころです。**都からみて、近畿地方を近国、九州地方が遠国、そしてその中間に当たる地域が中国というわけです。**

中国地方は、中央部を東西に走る中国山地の北側の山陰地方、南側の山陽地方に分けられます。中国山地は標高2000ｍ以下の山々が連なるなだらかな山地です。山地の高原では牧畜が行われ、とくに岡山県の蒜山《ひるぜん》高原では、ジャージー種という濃厚で

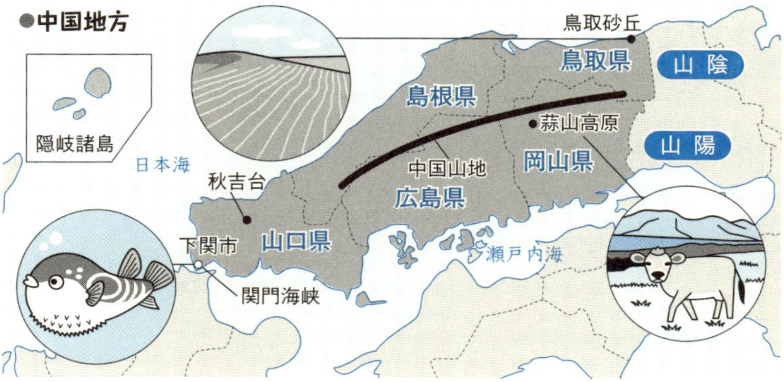

●中国地方

栄養豊富なミルクがとれる乳用牛の飼育がさかんです。

中国地方の西のはし、つまり本州の最西端にあるのが山口県です。**山口県と九州を隔てる関門海峡は、海面の高さの変化により１日に４回、西へ東へと潮の流れの向きが変わります。**また、海峡の最もせまいところでは、陸と陸が700ｍあまりしか離れていないうえに、潮の流れが秒速５ｍと速いため、船が通行しにくい「海の難所」となっています。

関門海峡にかかる関門橋と、海底に掘られた３本の関門トンネルで、山口県の下関《しものせき》市と福岡県の北九州市は結ばれています。関門国道トンネルには人道用のトンネルもついていて、下関市側から北九州市側まで780ｍ、歩いて15分ほどで通り抜けることができます。橋や海底トンネルのおかげで、天候などに影響されることなく本州と九州を行き来できるようになりました。

下関市といえば「フク」も有名です。**下関では、フグのことをフクとよんでいます。山口県のフグの漁獲量は天然も養殖も、それほど多いわけではありません。**しかし、フグ専門の卸売市場や、毒の部分を取りのぞき、身と皮に分ける身欠き加工ができる処理場があることから、全国で獲れたフグの80％が下関に運ばれてきます。フグは食用にされるだけでなく、フグ提灯に加工され料理屋の軒先に下げられたり、土産品にされたりしています。

山口県では、大自然がつくりだした珍しい景観も楽しむことができます。県西部の長門山地の中央に広がる**秋吉台《あきよしだい》は、３億５千万年ほど前のサンゴ礁と雨や地下水によってつくられためずらしい台地**で、一面の草原に白い石灰岩柱が点々と散らばっているようすは、羊の群れのようにも見えます。

その地下には、いくつもの鍾乳洞が迷路のようにのびています。秋芳洞《あきよしどう》は総延長10km以上にもなる日本最大の鍾乳洞です。そのうち１kmが観光用に整備されていて、黄金柱や百枚皿など、数億年の歳月をかけて地下水がつくりあげた不思議な光景を見ることができます。

不思議な光景といえば、鳥取県の日本海沿岸に広がる鳥取砂

●鍾乳洞ができるまで

①海底にサンゴ礁の死がいが積もり、石灰岩になる

②海底がもりあがって陸地になる

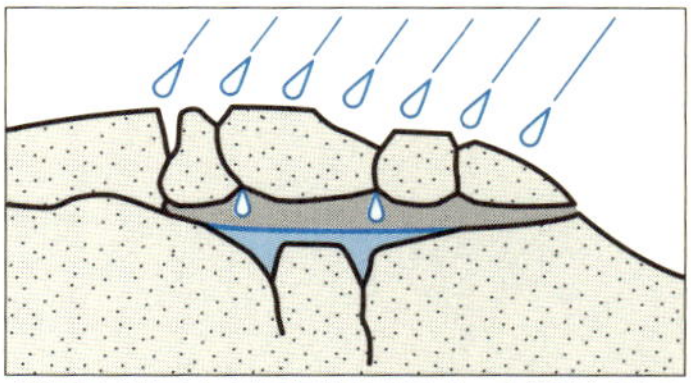

③雨や地下水が石灰岩を溶かし、空洞ができる

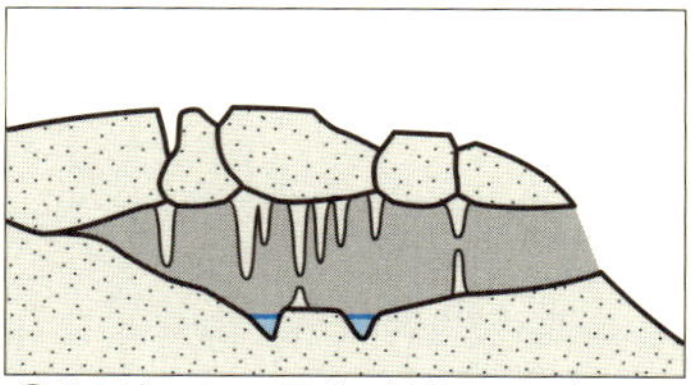

④地下水によって天井に鍾乳石がつくられる

丘もあります。砂漠を思わせる広大な砂丘には、なんと「遊覧ラクダ」のサービスも!! ラクダに乗って砂丘をめぐれば、アフリカや西アジアの砂漠にいるような気分が味わえるでしょう。

鳥取砂丘は、広さが東西約16km、南北約2.4km、最高起伏47mにも及ぶ日本最大の砂丘です。日本海側にある鳥取県は、冬に北西から吹く風が中国山地にぶつかって雪や雨を降らせるため、とくに冬の降水量が多い地域です。世界の巨大砂漠のように、雨がほとんど降らない乾燥した地域ではないのに、なぜ砂丘ができたのでしょうか?

雨や雪の多い日本には、乾燥が原因でできる砂漠はありません。**日本の海岸部に見られる海岸砂丘は、風によって運ばれた砂が積もってできたものです。**川によって日本海まで運ばれた中国山地の土砂が、北西から吹く強い風によって海岸に吹き上げられ、積もってできたのが鳥取砂丘だと考えられています。

中国山地の山すそが海岸近くまでせまっている鳥取県には、大きな平野がありません。そのため、**砂地を活かした農業や、砂地を農地にする研究が昔から続けられています。**現在は、鳥取砂丘周辺の農地でラッキョウや長ネギ、スイカなどが栽培されていて、全国有数の産地となっています。いっぽうで、砂丘を観光資源として大切に保存するため、砂丘に生える雑草を除草するなど、砂丘を草原化から守る活動も進められています。

54 アナタの知らない「讃岐うどん」!?

——四国地方——

四国地方は、瀬戸内海に面した香川県と愛媛県、太平洋に面した徳島県と高知県の４つの県からなりたっています。

昔、讃岐（香川県）・伊予（愛媛県）・土佐（高知県）・阿波（徳島県）の４国があったことから「四国」と名付けられました。その後、一時的に香川県が愛媛県に、徳島県が高知県に合併されていたため、1880年に徳島県が再分立するまでは２国、1888年に香川県が再分立するまでは３国だったこともあります。

四国地方の中央には、四国山地が東西に走っています。2000ｍを超える高い山はありませんが、中国山地とちがって傾斜が急で、とてもけわしい山地です。この山地によって、雨の多い太平洋側と、一年中雨の少ない瀬戸内

海側の気候に分けられるのです。

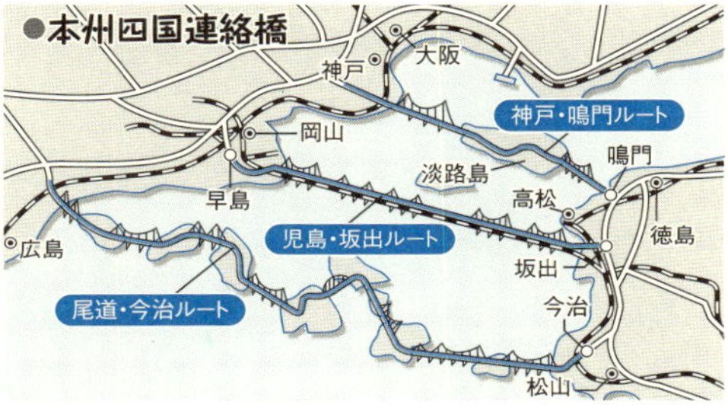

●本州四国連絡橋

以前は、本州と四国を結ぶおもな交通手段は船でした。しかし、**本州四国連絡橋の３つのルートが完成し、本州と四国が自動車道路と鉄道で結ばれた**ため、天候や時間に影響されずに本州と四国を行き来できるようになりました。

神戸・鳴門《なると》ルートは、兵庫県と徳島県を結んでいます。そのうち、本州と淡路《あわじ》島を結ぶ明石《あかし》海峡大橋は、全長3911ｍの世界最長のつり橋です。

もうひとつのつり橋、大鳴門橋は、淡路島と四国のあいだにある鳴門海峡にかけられています。鳴門海峡は、潮の流れが速く、その潮流がつくる大小のうず潮で有名です。

鳴門海峡のうず潮は、１日に４回発生し、大潮のときには直径20ｍもの大きさになります。大型観測船や水中観測船が運行していて、迫力満点のうず潮をすぐそばで見たり、海の中のうずのようすを見たりすることができます。

徳島県を代表するイベントといえば、400年以上も続く阿波おどり。期間中は、約10万人の踊り子に加え、約130万人の見物客が訪れるため、徳島市中心街一円は大変なにぎわいとなります。今や四国だけでなく、日本を代表する祭りといえますね。

1988年に完成した、岡山県と香川県を結んでいる児島《こじま》・坂出《さかいで》ルートは、瀬戸大橋ともよばれています。

香川県は、瀬戸内海をはさんだ北側の中国山地と南側の四国山地のあいだにあり、一年中温暖で雨の少ない気候です。そのため、讃岐《さぬき》平野はつねに水不足に悩まされていて、農業用水をためるため池が県内各地につくられました。1974年には徳島県を流れる吉野川から水を引いた香川用水が完成し、ため池の数はだんだん減っていますが、現在も１万4000以上のため池があり、農業に利用されています。

雨が非常に少ない気候のため、米づくりよりも小麦の栽培に向いていたことから、香川県は小麦粉を材料とするうどんやそうめんの生産がさかんです。シコシコと腰のある食感が特徴の「讃岐うどん」、もうおなじみですよね。

香川県は、生めん・乾めん・ゆでめんのいずれのうどんの生産量も日本一です。県内には、自分で好きな具をトッピングできるセルフサービス式のうどん店が多く、最近は、県外にもこのセルフ式うどんのチェーン店が進出し、人気となっています。

そうめんは、瀬戸内海に浮かぶ小豆《しょうど》島で生産がさかんです。小豆島は、播州《ばんしゅう》（兵庫県）、三輪《みわ》（奈良県）とならぶそうめんの全国三大産地のひとつとなっています。小豆島は、ヨーロッパの地中海沿岸地域に似た温暖な気候を活かし、明治時代からオリーブが生産されていて、オリーブ・アイランドとよばれています。ちなみに、オリーブは香川県の県木・県花です。

尾道《おのみち》・今治《いまばり》ルートは、広島県から愛媛県まで９つの島を経由する全長59.4kmのルートで、瀬戸内しまなみ海道とよばれます。瀬戸内しまなみ海道には、歩行者と自転車の専用道があり、観光客は瀬戸内海を眺めながらサイクリングを楽しむことができます。

愛媛県の県庁所在地の松山市には、『日本書紀』にも登場し、日本最古の温泉といわれる道後温泉があります。明治27年に完成した木造３層楼の道後温泉本館は、世界的な観光ガイドブックでも観光施設として最高評価の３つ星を獲得し、国際的にも注目を浴びています。

愛媛県は、ミカンの産地としても有名です。一年中温暖で夏に雨の少ない愛媛県の気候は、ミカンづくりに最適で、おもに瀬戸内海の島々や佐田《さだ》岬《みさき》半島、宇和海《うわかい》沿岸など、水はけと日当たりのよい傾斜地につくられた段だん畑で栽培されています。場所によっては40度を超える傾斜地で、収穫したミカンを運搬するのは重労働ですが、農業用モノレールが発明され、作業が楽になり作業時間も昔に比べ大幅に短縮しました。

55 カステラが語る「開かれた九州」!?

——九州地方——

九州地方は日本の西はしにあり、ユーラシア大陸に近いことから、昔から外国との交流がさかんな地域です。長崎・博多《はかた》・種子島《たねがしま》——現在ほど日本と外国との交流がかんたんではなかったころから、外国との接点となるのは、いつも九州でした。

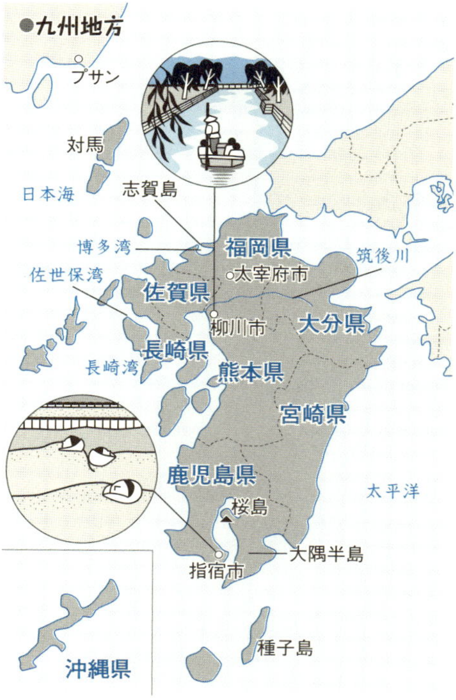

九州と朝鮮半島のあいだにある長崎県の対馬《つしま》は、福岡県とは約140kmも離れているのに、朝鮮半島とはわずか50kmしか離れていません。このため**対馬は、古くから大陸と日本とをつなぐ文化や経済の窓口の役割を果たしてきました。**鎖国を行っていた江戸時代にも、幕府は朝鮮国とだけは正式に国交を結んでいて、対馬の領主が朝鮮との貿易

を独占していました。

朝鮮との窓口が対馬なら、**ヨーロッパとの窓口は長崎です。**戦国時代にはポルトガル人など多くのヨーロッパ人が長崎を訪れ、ヨーロッパの技術や文化を日本に伝えました。長崎名物のカステラも、当時ポルトガル人キリスト教宣教師から伝えられたものです。今わたしたちが日本語のように使っている、たばこ、かるた、かっぱ（合羽）も、ポルトガル語がもとになっている言葉です。

長崎県は、面積が全国で37番目に小さな県です。しかし、入り組んだリアス海岸とおよそ600の島々をあわせた海岸線の長さは、北海道（北方領土をのぞく）より長く、日本一です。この複雑な海岸線を利用して、長崎湾や佐世保《させぼ》湾には造船所が建設され、造船業が発達しました。また、湾の奥では真珠やカキ、ブリなどの養殖も行われています。

また、長崎県は海岸線まで山地がせまっている山がちな地形で、大きな平野がないため、稲作はあまり行われていません。いっぽう、ミカンやイチゴ、ジャガイモやカボチャの生産がさかんで、なかでもビワの生産量は日本一です。

九州北東部にある福岡県も、古くからアジア各国との交流がさかんでした。博多湾にある志賀《しかの》島では中国の皇帝から贈られたという金印が発見されていますし、太宰府《だざいふ》市には外交と防衛を担当した大宰府政庁の遺跡が残っています。

博多港は、中国への使いである遣隋使や遣唐使の出発地であり、昔から海の玄関として栄えてきました。現在でも、博多ープサン（韓国）間に高速船が就航し、海路による旅客数が年間80万人を超える（2007年）など、海の玄関としての重要性はますます高まっています。

また、海路だけでなく、福岡からプサンまで飛行機で50分、ソウル・上海まで１時間半という東アジアの主要都市との近さを活かして、福岡空港はアジアの空の玄関ともなっています。

玄関にふさわしく、福岡では外国人観光客向けの案内が充実しています。空港や駅の誘導サインは、日本語のほか英語・中国語・台湾向けの中国語・韓国語で表示され、それぞれの言語で書かれた観光パンフレットが用意されています。

福岡県には日本には珍しい掘割（クリーク）の町があり、人気の観光地となっています。筑後《ちくご》川の河口にある柳川《やながわ》市には、総延長930kmにも及ぶ水路が網の目のように巡っています。もともとは、湿原地帯に生活用水や農業用水をためるために掘られた溝ですが、上下水道が整備されたためその役割を終え、現在は観光用水路となっています。観光客を乗せたどんこ舟が水路を行き交うようすは、まるでイタリアの水の都ヴェネツィアのようです。冬には「こたつ舟」も登場し、一年中川下りが楽しめます。

鉄砲伝来の地として有名な種子《たねが》島は、鹿児島県の大隅《おおすみ》半島の

南にある島です。日本最大のロケット発射場、種子島宇宙センターがあり、センター内の宇宙科学技術館では、ロケットや人工衛星、国際宇宙ステーション計画など、宇宙開発のようすを楽しみながら学べます。鉄砲とロケット、どちらもその時代の最先端技術という点で共通しているのかもしれませんね。

鹿児島県には、現在も活発に活動している桜島火山があります。桜島から降る火山灰は、車や洗濯物を汚したり、農作物に被害を与えたりします。こうした被害を防ぐため、鹿児島地方気象台では2008年から降灰予報を始めました。

火山灰は迷惑ですが、火山は九州の魅力でもあります。鹿児島だけでなく、九州地方にはたくさんの火山があり、その周辺にはマグマだまりの熱で地下水が温められた温泉が沸き出しています。指宿《いぶすき》市には、地下を流れる温泉で温められた海辺の砂を利用した天然の砂むし温泉があります。浴衣を着たまま全身に50〜55℃の砂をかけ、砂の熱で体を温めます。最近は、ペット専用の砂むし温泉もできました。

鹿児島県の大部分は、火山灰が厚く積もってできたシラス台地です。シラスは水はけがよすぎるので、米づくりには向きません。そこで、乾燥してやせた土地でも育つサツマイモや世界一大きいといわれる桜島ダイコン、アブラナなどがさかんに栽培されています。サツマイモをエサにしている鹿児島の黒豚は、独特の風味とうま味があり、人気があります。

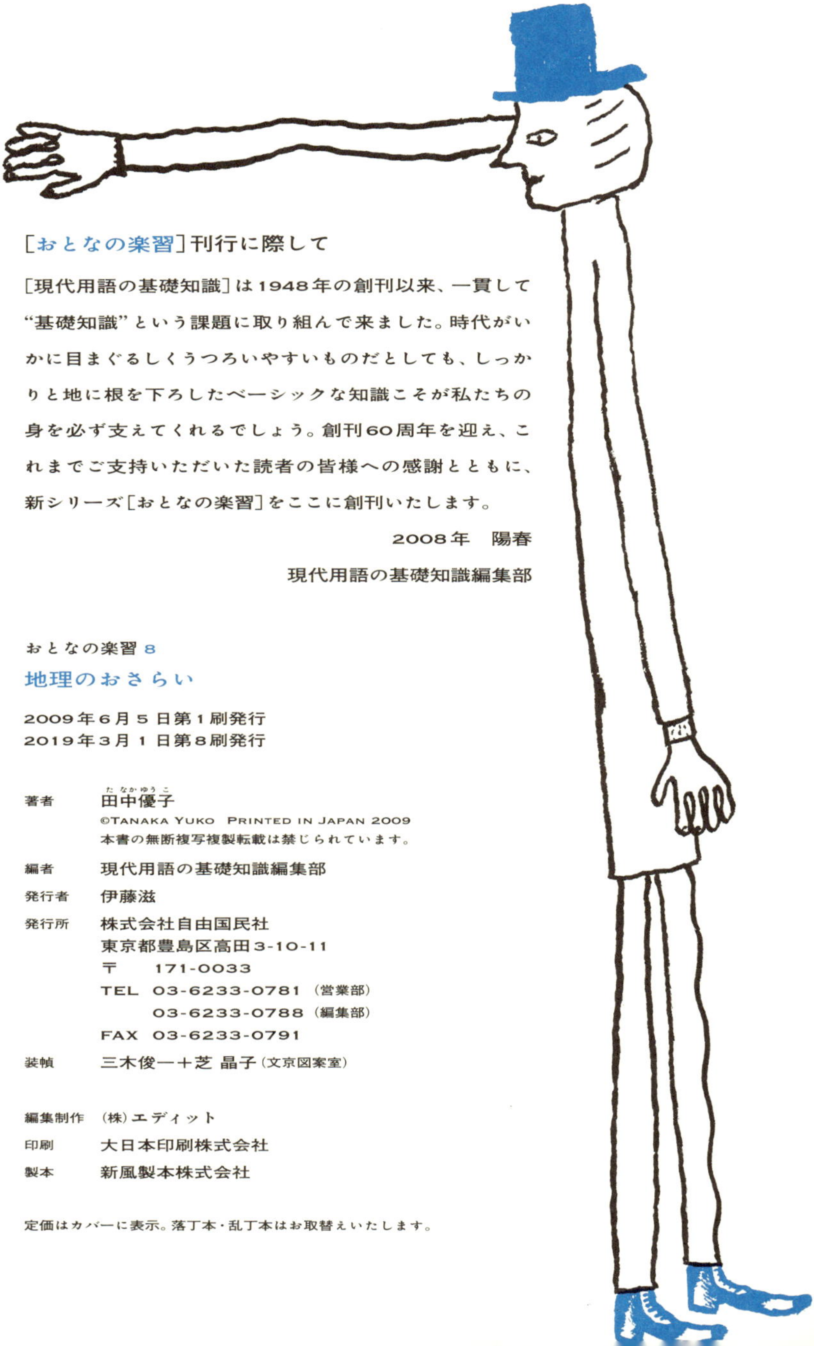

［おとなの楽習］刊行に際して

［現代用語の基礎知識］は1948年の創刊以来、一貫して“基礎知識”という課題に取り組んで来ました。時代がいかに目まぐるしくうつろいやすいものだとしても、しっかりと地に根を下ろしたベーシックな知識こそが私たちの身を必ず支えてくれるでしょう。創刊60周年を迎え、これまでご支持いただいた読者の皆様への感謝とともに、新シリーズ［おとなの楽習］をここに創刊いたします。

2008年　陽春

現代用語の基礎知識編集部

おとなの楽習 8

地理のおさらい

2009年6月5日第1刷発行
2019年3月1日第8刷発行

著者　田《た》中《なか》優《ゆう》子《こ》

編者　現代用語の基礎知識編集部

発行者　伊藤滋

発行所　株式会社自由国民社
東京都豊島区高田3-10-11
〒　171-0033
TEL　03-6233-0781（営業部）
03-6233-0788（編集部）
FAX　03-6233-0791

装幀　三木俊一＋芝 晶子（文京図案室）

編集制作　（株）エディット

印刷　大日本印刷株式会社

製本　新風製本株式会社

定価はカバーに表示。落丁本・乱丁本はお取替えいたします。